저에게 보평중학교는 다양한 경험을 할 수 있는 곳이었어요. 특히 동아리 시간이 가장 기억에 남습니다. 저는 요리, 미술치료, 신문기자부 동아리활동을 하면서 다양한 직업에 대해 공부했고, 그 과정은 제 자신에 대해 생각해볼 수 있는 기회가 되었어요.

- 이하은(2016년 졸업)

저는 학교 다니는 즐거움을 중학교에서 알았어요. 활발한 수업 시간 덕분에 자는 친구들도 없었고, 수업 시간 자체가 너무 기대됐어요. 적극적인 모둠활동과 다른 학교와는 다른 ㄷ자 자리 배치로 반에 있는 모든 친구들과 친해질 수 있었어요.

- 허민영(2016년 졸업)

학교에서 하는 활동도 좋았지만 선생님들이 다 너무 좋으셨어요. 학생들을 사랑으로 가르쳐주셨고 친구처럼 대해주셨어요. 그랬기 때문에 선생님들과 학생들의 유대감도 끈끈했고 수업 분위기 또한 좋았던 것 같아요.

- 조혜진(2016년 졸업)

보평중학교를 다닐 때는 특별함을 크게 느끼지 못했는데, 고등학교에 진학하고 다른 학교에서 온 친구들과 함께 공부하며 보평중학교가 얼마나 특별한지 알게 되었습니다. 보평중학교를 다니며 다수와 다른 의견을 낼 수 있고, 소수의 의견을 받아들일 수 있는 마음가짐을 가지게 되었습니다. 학생도 학교 안에서 의견을 낼 수 있는 하나의 구성원으로 대해주신 게 가장 기억에 남습니다.

- 이영진(2016년 졸업)

중학교 때 정말 매일 학교 가는 것이 즐거웠고 행복했습니다. 선생님들이 많이 도와주시고 신경 써주신 덕분이었습니다. 학교의 모토인 '배움의 공동체'라는 말처럼 친구들, 선생님들과 다 같이 공부하고 함께하는 것이 얼마나 소중한지 깨달았고, 저 자신 또한 많이 성장했다는 것을 느꼈습니다.

- 두경안(2017년 졸업)

처음에는 토론수업이 힘들었지만 학년을 더해가면서 노하우가 생겼습니다. 다양한 배경을 가진 친구들과 어울리면서 다른 사람을 존중하는 방법을 배웠고요. 고등학교를 국제학교로 진학하면서 이런 점이 도움이 많이 되었습니다. 지금 전 세계 사람들이 모이는 뉴욕이라는 곳에 잘 적응하며 살 수 있는 것도 보평중학교에 다닌 경험 덕분입니다.

- 김호윤(2017년 졸업)

다른 사람에게 도움을 청하는 것이 절대로 부끄러운 일이 아니라는 것을 중학교에서 배울 수 있었습니다. 이러한 중요한 교훈은 고등학교의 학업뿐만 아니라 대학교에서도 효율적인 정보 습득에 도움을 주었습니다. 스포츠 동아리활동에서 끊임없는 노력과 피나는 연습으로 무언가를 이뤄본 경험을 통해 자신감과 성취감을 얻었습니다.

- 박세준(2017년 졸업)

혁신학교는 노는 학교라는 편견을 가졌던 것이나 아이들 스스로 주체가 되어 학생자치부를 이끌어간다는데 '너희가 제대로 할 수나 있겠어?'라고 생각했던 게 부끄러울 뿐이네요. 선생님께서 던지는 질문에 자기 생각을 얘기하고 동의도 하고 반박도 하며 한 뼘 한 뼘 커가는 아이들을 보면서 '이런 학교라면 재밌게 노는 게 맞네'라는 생각이 듭니다.

- 차윤미(학부모)

교육은 백년지대계입니다. 현재보다 미래를 위해 준비하고 조금씩 바꿔나가야 합니다. 다양성과 불확실성이 존재하는 미래에 중추적인 역할을 수행하는 창의적이고 사회 친화적인 구성원으로 성장하는 것이 필요합니다. 보평중학교의 자율과 자치를 기반으로 한 교육공동체 학교운영은 우리 아이들이 협력하며 자립할 수 있도록 합니다. 보평중학교 혁신교육은 우리 아이들이 사회에 기여하는 인재로 만들기에 충분한 밑거름이 될 것이라 확신합니다.

- 김민희(학부모)

학교민주주의가
뭐 별건가요?

DEMOCRACY

학교민주주의가
뭐 별건가요?

보평중표 학교자치
10년의 이야기

보평중학교공동체 지음

에듀니티

학교는 계속
성장해야 한다

한수현 2009. 9 - 2017. 2 보평중 근무

성남의 ○○고등학교에서 근무하는 K 교사가 말했다.

"우리 학교에서 교무실에 들어와 거리낌 없이 말하는 애들은 모두 보평중 출신이에요. 학생회도 보평중 출신들이 많아요."

성남의 ○○중학교 성장 나눔의 날*에 참여한 P 교사가 말했다.

"보평중학교 선생님들이 참여하는 모둠은 토론 수준이 확 올라가요. 성남 혁신의 자랑이 맞더라고요."

보평중학교를 떠난 선생님들을 오랜만에 만났다. 우연인지 필연인지 다들 현재 근무하는 학교에서 교무부장이나 혁신부장을 맡았단다.

---

* 혁신학교 2년 차에 실시되는 혁신학교 평가로, 타 학교 교사들이 함께 참여해 토론을 한다.

"선생님도 혁신부장이세요?"

"네, ○○중학교로 가신 ○○○선생님도 혁신부를 맡았어요. 보평중학교를 거쳐 왔다는 꼬리표가 쉽게 떨어지지 않네요. 하하하."

보평중학교에 자녀를 입학시키려고 일부러 이사를 했다는 분을 만났다. 내가 보평중학교에 근무했다는 사실을 모르는 분이기에 짐짓 모른 척하고 물었다.

"이사까지 하셨는데 코로나19 때문에 아이가 학교에도 못 가고 어떡해요?"

"저도 처음에는 정말 속상했는데 보평중이 다르긴 하더라고요. 담임선생님이 온라인 상담을 벌써 여러 번 하셨어요. 국어 선생님 수업은 너무 좋아서 아이가 수업할 때 몰래 훔쳐봐요."

여기저기서 들리는 보평중학교 칭찬에 어깨가 으쓱하다. 보평중학교를 떠난 지 4년이 다 되어가지만 지금도 보평중학교 이야기만 나오면 귀를 쫑긋 세우게 된다. 보평중학교에서 동료교사와 함께 수업을 바꾸고, 혁신학교를 만들어간 경험은 지금도 내 삶에 큰 밑천이다. 늘 나에게 힘이 되는 친정 같은 곳이랄까.

함께하던 선생님이 학교를 떠날 때마다 불안했다. 구성원이 바뀌면서 혁신학교의 동력이 멈추는 학교를 많이 보았기 때문이다. 내가 보평중학교를 떠날 때 역시 걱정이 많았다. 그러나 보평중학교는 초창기 구성원이 모두 바뀐 지금도 여전히 혁신학교의 메카로서 당당히 역할을 하고 있다.

보평중학교가 10년이 넘는 동안 혁신을 지속할 수 있었던 원동력은 무엇이었을까? 평범한 교사, 학생, 학부모가 보평중학교를 거치면서 모두가 성장할 수 있었던 이유는 무엇이었을까? 늘 궁금했는데 이 책 속에서 나름의 답을 찾을 수 있었다.

이 책은 보평중학교가 2009년 9월 개교할 때부터 현재까지의 기록이다. 보평중학교라는 끈으로 묶인 교사, 학생, 학부모 들이 함께 좌충우돌하며 어려움을 극복하고, 각각이 주체로 성장해나가는 과정이 날것 그대로 펼쳐진다. 혹자는 보평중학교는 중산층의 준비된 아이들이 다니는 학교라 이러한 일들이 가능했다고 말하기도 하지만 보평중학교에서는 학생뿐만 아니라 교사와 학부모도 큰 성장을 경험했다.

학교 교육의 목적은 학생을 성장시키는 것이다. 그러나 교사와 학부모는 성장하지 않으면서 학생에게만 성장하라고 할 수 없다. 학생의 성장을 위해서는 학교의 성장이 지속되어야 한다. 계속 성장해나가는 학교라야 미래를 살아갈 학생의 성장도 이끌 수 있다고 생각한다.

보평중학교에서는 교육의 3주체가 모두 성장했다. 이는 의심의 여지가 없다(책의 집필자가 대부분 교사이다 보니 학생과 학부모의 성장 이야기가 구체적으로 그려지지 않은 점은 아쉽다). 미래사회에 대한 불안감으로 학교의 필요성에 대한 의문이 끊이지 않는 지금, '학교의 역할은 무엇인가'라는 질문에 답할 사람은 결국 학교의 3주체다.

보평중학교의 사례는 학교의 구성원이 주체로 선다면 우리 모두가 성장할 수 있음을 보여준다. 학교 교육의 희망을 말해준다. 학교는 계속 성장해야 한다.

학교가 성공하라!

보평중학교 Vision Top 5

김순희 2015. 3 - 2018. 2 보평중 근무

보평중학교는 서로 다른 생각을 나누고 공유하며 자기의 생각을 표현하고 발전시키는 배움이 있는 수업을 통해 학생들의 성장을 돕고 교사들도 함께 배우고 성장해왔다. 이는 학교 구성원들이 비전Vision을 공유하고 실천했기에 가능한 일이었다.

Vision 1 배움이 즐거운 학교
수업에서 배움을 중요하게 생각하고 학생들이 잘 배울 수 있게 돕는다. 배움이란 나눌 때 배로 커지는 것임을 학생들에게 설명하고 서로 협동하여 배우는 교실을 만든다. 배운 것, 새롭게 알게 된 것은 발표하고 다양한 생각을 나누면서 다른 생각을 인정하는 법, 자신의 생각을 발전시키는 법을 배운다.

Vision 2 안전한 학교
안전한 학교란 사고가 나지 않도록 지도하는 것만이 아니다. 100명의 학생 중에 99명의 학생이 '이건 검정색이야'라고 말할 때, 1명의 학생이 '이건 흰색이야'라고 당당하게 말할 수 있는 학교가 안전한 학교다. 나와 생각이 다른 사람의 의견을 비난하지 않고 '넌 왜 그렇게 생각해?'라고 묻고 자기와 생각이 다른 의견을 들을 수 있어야 한다.

Vision 3 민주주의를 실천하는 학교
자치란 요구사항을 말하며 해달라고 하는 것이 아니라 필요한 것을 직접 해결해나가는 것이다. 어떤 일을 할 때 '이렇게 하면 안 된다, 저렇게 하면 안 된다'가 아니라 '참 잘하고 있구나!' 인정하고 믿어주는 힘은 대단하다. 이런 활동 하나 하나가 모여 교사와 학생의 자존감은 엄청나게 높아진다.

Vision 4 꿈과 끼를 키우는 학교
보평중학교 학생은 방과후학교와 연계한 동아리를 1개 이상 하고 있다. 이렇게 동아리가 잘 운영되는 것은 매우 꼼꼼하고 철저하게 준비하기 때문이다. 학생들이 필요한 것이 무엇인지, 무엇을 배울 것인지, 어떻게 도움을 줄지 고민하여 활동지를 만들고 사전교육을 시키는 일은 매우 중요하다. 행사가 끝난 후 갖는 평가회도 매우 의미 있는 시간이다.

Vision 5 책 읽는 학교
모든 교과 수업 시간에 책읽기를 통한 배움을 실천하고자 함께 고민하고 노력한다. 따로 시간을 내서 책읽기를 하는 것이 아니라 수업 시간을 활용하여 교과에 따른 책읽기를 해서 교육과정-수업-평가 일체화가 자연스럽게 이루어지도록 한다.

· 차례 ·

| 1부 |

민주주의를 실천하는 학교
– 믿는 만큼 보여주는 교육공동체

1장 학생의 주도로 실천하는 학생자치

민주주의를 실천하는 학교

믿는 만큼
보여주는
교육공동체

1장

학생의 주도로
실천하는 학생자치

학생자치의 핵심, 소통

최수안 2018학년도 학생회장

학생부, 소통자치부가 되다

"말해도 달라지는 게 없는데 꼭 말해야 돼?"

학급회의 시간 중 건의사항을 말해달라는 학급 회장의 말에 한 학생이 혼잣말로 대꾸했다. 학생회 소속이었던 나는 이 말을 듣고 어떻게 반응해야 할지 몰라 답답했다. 그 친구만이 아니다. 많은 학생이 자기의 목소리가 학교에서 변화를 만들어내지 못한다고 생각한다. 나 역시 그렇게 느낀 적이 있었다. 언젠가 한번은 나도 모르는 새에 학생회에서 결정되었다며 일이 진행되는 걸 보기도 했다. 이런 일들을 겪으며 고민을 했다. 어떻게 하면 학생들과 학생회 그리고 선생님 간 소통이 제대로 이루어질 수 있을까?

나는 학생자치가 바로 여기서 시작된다고 생각한다. 학교 구성원인 학생과 선생님이 서로의 이야기를 귀 기울여 듣고 반응하는 것 말이다. 학생회는 이 과정의 편의성을 위해 구성된 조직이다. 그러니 학생과 소통하는 것이 자치부의 핵심 활동이어야 한다. 물론 모든 의견을 다 들어줄 수 없겠지만, 일반 학생들의 의견이 학생회의 활동 방향을 정하는 것이 이상적이다. 그래서 보평중학교 학생회는 '소통자치부'라는 표어를 내걸고 그 이름에 걸맞은 활동을 하려고 노력했다.

첫 번째 노력, 학생 의견 들어주기

학생들의 의견을 들어주려면 먼저 소통 창구가 마련되어야 한다. 보평중학교에는 학생과 학생회 간 소통 방식이 두 가지가 있는데, 하나는 오프라인에서 진행되는 학생참여회의이고 다른 하나는 카카오톡 플러스 친구를 통한 온라인 소통이다.

우리 학교의 학생참여회의는 학급회의, 학년회의˚, 대의원회˚ 총 세 단계로 구성된다. 학급회의에서 수렴된 학생들 의견을 학년회의에서 공유하고, 그중 학교에 전달되어야 할 의견들이 대의원회에서 다뤄진다. 사안의 중요도와 규모에 따라 회의를 달리하는 시스템이다. 예를 들어 학급 1인 1역 정하기는 학급회의에서, 복도 질서 문제는 학년회의에서, 학교 시설물 개선이나 전교 단위 규칙 제정은 대의원회에서 논의된다.

이런 구분이 없을 때는 학급회의에 나온 건의사항을 대의원회에서 모두 발언하니 회의가 길어지고 참석자들도 반복되는 이야기에 지치기 일쑤였다. 왜 다 똑같은 논의를 하는데 모든 회의에 참석해야 하느냐고 볼멘소리를 하는 학생도 있었다. 그래서 우리는 회의마다 정체성과 역할을 뚜렷하게 세우려고 노력했다. 먼저 학급 임원 워크숍***을 통해 각 회의의 역할에 대해 공유하고, 회장단과 학년부가 상시로 소통하여 건의사항이 하나도 빠짐없이 다뤄지도록 했다.

회의를 활성화시킨 또 다른 비결은 바로 '발문'이다. '건의사항을 내주세요.'라고 하는 것보다 '학교 시설 이용 중 불편한 점이 있나요?'라고 주제를 좁혀주는 것이 생각하기 편하다. 학급회의 전에 학년부와 학급임원이 회의 때 사용할 발문을 미리 준비할 수 있도록 했고, 학생회 역시 단순 공지사항을 내릴 때에도 발문과 함께 전달하려고 노력했다.

---

* 각 학년을 담당하는 학생회 부서인 학년부를 주축으로 그 학년의 모든 학급 임원이 모여 학년의 안건을 처리하는 회의.
** 학생회장단을 주축으로 모든 학년의 학급 임원과 학년부가 모여 전교 단위의 안건을 처리하는 회의.
*** 학급 회장과 부회장이 임기 동안 어떻게 활동해야 할지 교육하는 활동. 다른 학교에서는 흔히 간부 수련회라고 부른다.

이런 노력으로 이전보다 회의를 통해 의견을 나누는 것이 더 수월해졌다. 그래도 아쉬운 건 학급회의에서 학급 구성원들의 소극적인 참여였다. 학급회의가 학생자치의 핵심인 만큼 학급 친구들이 자치에 관심을 갖고 적극적으로 참여하도록 하는 방법이 필요했다. 그래서 10기 학생회가 심혈을 기울여 시작한 사업이 SNS를 기반으로 한 소통 창구인 카카오톡 플러스 친구다.

학생회에서는 플러스 친구에 여러 정보를 게시글로 올렸다. 학생회 계정과 친구를 맺은 학생들은 학생회에 바로 건의를 할 수도 있고, 공개적으로 말할 수 없는 민감한 사안도 관리자인 회장단에게 쉽게 전달할 수 있다. 자치에 관심은 많은데 회의 분위기 때문에 자신의 의견을 발언하지 못한 친구들도 적극 활용할 수 있는 플랫폼이었다. 회의가 없을 때에도 언제나 건의할 수 있다는 장점 역시 무시할 수 없다.

학년 간 갈등, 선생님과 학생의 의견 차가 있는 주제, 학교 규정 위반 제보 등 SNS를 통해 다양한 의견이 들어왔다. 회의 때만큼 플러스 친구를 통해서 많은 건의사항이 들어왔고, 가끔은 응원의 메시지도 받았다.

두 번째 노력, 학생 의견 반영하기

학생회에서는 크게 두 가지 유형의 학생 의견을 받는다. 하나는 학생들로부터 시작하는 건의사항이고, 또 하나는 학생회에서 시작하는 학교 행사 의견 조사이다.

건의사항에는 선생님이나 학생회가 해결할 수 있는 것도 있고, 해결할 수 없거나 들어줄 수 없는 것도 있다. 어느 정도 해결이 가능한 건은 주로 학교 시설 관련 사항이다. 보평중학교는 실내화를 두고 다녀반 앞까지 신발을 신고 들어가는데, 비가 올 때면 1층 바닥이 신발의물 때문에 미끄럽다는 민원이 제기된 적이 있다. 학생회에서는 이를 자치 담당선생님께 말씀드리고, 담당선생님은 행정실장 선생님을 비롯해여러 선생님께 전달하여 바닥 매트를 구매하는 것으로 문제를 해결했다.

선생님들과 협의해도 들어줄 수 없는 사안일 때는 결과와 함께 그이유까지 학생들에게 알려줬다. 점심시간에 운동장에서 자전거를 타게 해달라는 건의사항이 들어왔지만 안 된다는 결론이 나왔다. 그래서 선생님들과 논의한 결과 안전상 이유로 불가하다는 것을 학생들에게 알렸다. 물론 학생들이 원하는 답변은 아니었지만 안 되는 이유를 알게 된 학생들은 자전거를 타지 않았다. 1학년 부장 선생님은 점심시간에 자전거 타는 학생들이 없어졌다며 학생회에 감사하다고 하셨다. 선생님들이 말했을 땐 바뀌지 않았는데 같은 학생들이 말했을때 생긴 변화였다.

학교 축제와 학생회 주관 프로그램도 학생들의 의견을 바탕으로 진행한다. 행사 기획 단계부터 학생들의 아이디어를 받고, 행사가 끝난뒤에는 피드백을 받아서 다음 프로그램 기획 때 참고한다.

보평중학교 축제는 해마다 게임, 소설 등에서 아이디어를 얻어 축제 테마를 정하고 이에 맞추어 학교를 꾸미고 다양한 활동을 한다. 이전까지는 축제를 총괄하고 준비하는 축제준비위원회에서 축제 테마를 정했는데, 모든 학생들이 축제에 참여할 수 있도록 설문 조사를 통해 축제 테마를 결정했다. 여기서 끝이 아니다. 행사가 끝나면 학교 축제와 학생회에서 진행하는 여러 활동이 어땠는지 설문지나 회의 시간을 활용해서 의견을 받는다.

세 번째 노력, 건의사항 처리 결과 알려주기

학생의 의견을 받고 처리하는 것도 중요하지만 그 결과를 공유하는 것까지 해야 완벽한 소통이라 할 수 있다. 학생들 입장에서는 학생회에서 결과를 알려주기 전까지는 학교의 변화를 느끼기 어렵고, 자신들의 의견이 어떻게 다뤄지는지 알 수 없기 때문이다. 그래서 10기 학생회는 학생들이 내준 건의사항을 처리한 후에 그 결과를 정리해서 알리는 작업에도 힘을 기울였다.

제기된 안건과 해결 과정, 처리 불가능이라면 그 이유와 학생들에게 바라는 점까지 정리해서 PPT로 만들어 교내 게시판과 카카오톡 플러스 친구에 게시했다. 대의원회 때 학생회장단이 답변 내용을 학급 임원들에게 설명하고, 학급 임원들은 학급별 '반톡'에 건의사항 답변을 공지했다. 선생님들께도 건의사항 처리 내용을 정리해서 유인물로 나눠드렸다.

행사 포스터와 홍보 영상뿐만 아니라 학사 일정과 학생회 구성도 등 유용한 정보를 플러스 친구 게시판에 올려서 학생들이 언제든지 찾아볼 수 있게 하였다. 예년보다 적극적인 홍보활동에 많은 학생들이 좋은 평가를 해주었다. 나중에는 선생님들께 교내활동 홍보를 부탁받기도 했다.

　자치의 본질은 화려한 행사가 아니라 학교 구성원 하나하나가 의사결정에 참여하고 의견을 조율해가는 것이다. 소수의 선택된 학생회 부원이 아니라 학교의 모든 학생이 참여할 수 있는 문화를 만들어가는 것이 학교민주주의라 생각한다.

찾아보자!
체육부 활동 속
학생 민주주의

김건호 2018학년도 학생회 체육부장

학생자치활동은 계획이 반이다

10기 체육부가 되고 나서 제일 처음으로 했던 일은 '2018 체육부 운영 계획 세우기'였다. 부서 운영 계획은 자신의 부서가 1년 동안 할 활동들을 정리해보고 어떤 활동을 어느 시기에 진행할지 계획하는 것이다. 각각의 활동을 구체적으로 계획할 필요는 없다. 그냥 전체적인 틀을 잡는다 생각하고 주요 활동의 연간 계획을 짜면 된다.

예를 들어 학생들이 체육 시간에 배운 종목을 바탕으로 펼치는 일종의 반 대항전인 스포츠클럽의 연간 계획을 짠다면 스포츠클럽의 세부적인 규정과 계획을 정하는 것이 아니라 1년 중 어느 달에 기획을 시작하고 어느 달에 진행할지 정하는 것이다. 계획을 세울 당시에는 별생각 없이 했지만 실제로 체육부 활동을 해보니 미리 계획을 세우는 것이 굉장히 중요한 일이라는 것을 깨달았다.

전체적인 틀을 잡고 활동을 시작하면 세부적인 계획을 세우는 것이 편해 대체로 모든 활동이 다 원활하고 신속하게 진행되는 장점이 있었다. 하지만 한번 운영 계획을 세우고 나면 계획을 수정하기가 어렵다는 단점도 있었다. 그렇기 때문에 운영 계획은 되도록 신중히 세우면 좋겠다.

체육부 활동의 꽃, 체육대회

체육대회는 체육부에서 하는 가장 큰 행사로 준비하고 기획하는데 오랜 노력이 필요하다. 체육대회는 5월 중순쯤 열리는데 3월 말에서 4월 초부터 준비하기 시작한다. 학기초에 학생들 간에 어색함도 풀고 협동심도 기르며 체육대회 그 자체만으로도 하나의 좋은 추억이 될 수 있도록 하는 것에 목표를 두고 준비한다.

제일 먼저 학생들을 대상으로 한 설문 조사 내용을 바탕으로 체육부에서 체육대회의 종목을 선정하고, 체육과 선생님들과 함께 2~3차례 회의를 통해서 종목 및 규정을 최종적으로 결정하였다. 체육대회 설문 조사에서 전년도 종목 중 남자 축구와 8자 줄넘기에 대한 만족도가 낮았다. 그래서 이 두 종목을 설문 조사에서 비교적 언급이 많이 되었던 남자 피구와 보디가드 피구로 바꾸었다.

각 반의 단체 티와 응원곡 선정도 체육부에서 맡았다. 전년도까지는 3학년들이 우선적으로 반티와 응원곡을 선정했는데 2018년도에는 방식을 바꿨다. 모두 똑같은 보평중학교의 학생인데 왜 3학년이 반티와 응원곡을 우선적으로 선정하느냐고 불만이 많았다. 그래서 체육부와 체육과 선생님들 간의 협의 끝에 응원곡은 기존대로 3학년에게 우선권을 주되 반티는 모든 학년이 공평하게 정하기로 하였다. 이렇게 바뀐 규정에 따라 각 반은 자신의 반이 원하는 반티 2개와 응원곡 2개를 체육부에 제출하였다. 1순위, 2순위를 받아서 만약 겹쳤을 때 조정하기 조금 더 쉽게 했다.

체육대회 진행을 맡을 스태프를 뽑는 것도 체육부의 일이다. 2018년도에는 3학년 남녀 합해서 13명, 2학년은 남자만 4명 총 17명을 뽑았다. 회장단, 학교생활체육위원회까지 합하면 약 30명 정도가 체육대회 때 스태프로 활동했다. 체육대회 스태프들은 체육대회를 진행하는 날에 질서 관리, 심판 등 많은 역할을 하기 때문에 매우 신중히 뽑았다. 스태프를 뽑는 것에서 그치지 않고 스태프 교육과 체육대회 리허설도 함께 진행했다. 리허설 때 주춤주춤 우왕좌왕해서 걱정했는데, 실제 체육대회 때는 막힘없이 진행되었다.

체육대회가 끝난 후에는 다음 연도에 더 나은 체육대회를 만들기 위해서 학생들을 대상으로 설문 조사를 진행했다. 종목의 만족도, 전체적으로 좋았던 점과 보완했으면 하는 부분을 포함하여 올해는 다르게 진행되었던 반티 선정 방식에 대한 의견 등을 조사하였다.

체육대회를 준비하면서 학교가 끝나고 바로 집에 갔던 기억은 거의 없지만 큰 행사를 기획해본다는 것이 하나의 좋은 추억이자 경험이 되었던 것 같다.

체육부 장기 프로젝트, 스포츠클럽

체육대회가 한 달 반 정도 짧고 굵게 진행하는 행사라면 스포츠클럽은 가늘고 길게, 거의 1년에 걸쳐서 체육부가 진행하는 활동이다. 스포츠클럽이란 학생들이 체육 시간에 배운 내용을 활용하여 각 종목별로 펼치는 반 대항전이다. 우리는 체육 시간에 진행하는 축구, 배드민턴, 농구, 탁구, 무용 중 무용을 제외한 4가지 종목으로 스포츠클럽을 진행하였다.

1년 동안 이 4가지 종목을 어떤 방식으로 진행할지도 체육부에서 결정했다. 이전까지 1학기, 2학기에 각각 2종목씩 나누어 진행했던 것을 2018년에는 축구만 학기 중에 진행하고 나머지 종목들은 학년말

무용을 스포츠클럽 종목으로 진행하지 않은 것은 반별 승패를 가리기가 쉽지 않고, 무용 수업을 듣는 학생들이 스포츠클럽 진행에 대해 거부감이 있었기 때문이다.

프로그램으로 진행하기로 했다. 학년말 프로그램으로 진행하면 점심 시간을 뺏지 않아도 되서 더 많은 학생들이 참여할 수 있을 것 같아 이와 같이 결정했다. 축구는 야외에서 해야 하니 춥지 않은 학기 중에 할 수밖에 없었다.

큰 틀을 잡은 후에는 세부적인 계획을 세웠다. 각 종목별로 규칙, 학년별 경기 일정, 경기 방식, 각 종목별 심판 등을 정하였다. 이때 심판은 종목별 선수반(동아리)에서 뽑아 동아리 담당선생님께 심판 교육을 받고 학생들이 직접 스포츠클럽의 심판을 보았다. 선생님께서 심판을 보는 것이 아니라 학생들이 심판을 보았기에 선수의 입장에서뿐만 아니라 심판의 입장에서도 스포츠클럽을 바라볼 수 있었다.

그 이후에는 세운 계획을 바탕으로 학생들에게 스포츠클럽 일정을 공지하고 참여 선수 명단을 받았다. 모든 학생이 체육 시간에 배운 내용을 활용하여 스포츠클럽에 참여하는 것이 주목적이기 때문에 학생들이 스스로 명단을 작성할 수 있도록 했다. 명단 작업을 마무리 짓고 나서는 종목에 따라 필요할 시 학생들을 불러 대진표를 작성했다. 대진표와 일정은 벽보로 공지하고 반별 단체 채팅방을 통해 한 번 더 공지하여 학생들이 경기 일정을 확실히 알 수 있도록 하였다.

본격적으로 스포츠클럽이 진행되기 시작하면 신경 쓸 것이 더 많아진다. 그중 한 가지만 말하자면 바로 '명단 교체'이다. 스포츠클럽을 진행하다 보면 여러 이유로 원래 명단에 적혀 있던 학생들이 출전하지 못하는 경우가 생긴다. 그때는 명단 작성 때의 우선순위에 따라 못 나가는 선수를 교체해야 한다. 얼핏 보면 간단한 작업 같지만 학생들의 사정을 일일이 확인하고 반영해야 하니 힘든 작업이다. 스포츠클럽은 체육대회만큼 체육부의 역할이 크게 드러나는 행사는 아니지만, 체육부가 제대로 역할을 하지 않으면 진행이 안 된다.

체육부 활동 속 학생 민주주의

체육부 활동을 하면서 학생 의견을 최대한 많이 반영하여 학생 민주주의를 실천하려 했다. 애초 다짐했던 만큼 완벽하지는 못했지만 그래도 체육부에서 학생 민주주의를 실현하기 위하여 노력했던 사례를 소개하겠다. 학년별 탁구대 사용 개수를 조절한 일이다. 체육부는 점심시간을 포함한 쉬는 시간에 학생들이 체육시설을 이용할 수 있도록 체육시설 개방도 맡아서 하였다. 학기 초반에는 탁구를 치는 1학년들의 수가 많아서 총 11개의 탁구대를 1학년 4개, 2학년 3개, 3학년 4개로 나누어 사용할 수 있도록 하였다. 하지만 1학기 말에 2학년 학생들로부터 사용할 수 있는 탁구대의 개수가 너무 적다는 건의가 들어왔다.

건의를 받은 후 체육부와 담당선생님이 함께 어떻게 하면 좋을지 의논했다. 3학년의 탁구대 사용 개수를 줄이고 2학년의 탁구대 사용 개수를 늘리면 어떻겠냐는 의견이 나왔다. 그 당시 1학년은 여전히 탁구를 치는 학생들이 많아 1학년에 배정된 탁구대 개수를 줄이기는 힘들었고 탁구를 치는 3학년의 수가 비교적 학기초보다 적어진 것 같으니 3학년에게 배정된 탁구대 1개를 2학년에게 주면 어떻겠냐는 것이었다.

이 의견은 체육부와 담당선생님 사이에서 나온 것이라 실제 탁구를 치는 3학년 학생들의 생각과는 다를 수 있었다. 그래서 최종 결정을 내리기 전 탁구대 사용을 관리하는 3학년 관리자(체육시설의 관리는 해당 동아리 또는 지원자를 받아서 학생들이 직접 관리를 한다)들에게 다시 한번 의견을 구했다. 그들도 솔직히 탁구를 치는 3학년이 많이 줄기는 했다고 말했다.

이런 논의 결과를 토대로 2학기부터는 3학년이 3개, 2학년이 4개, 1학년이 4개의 탁구대를 사용하기로 변경되었다. 학생들의 의견을 받아 변경한 이후에 탁구대가 적절히 분배되어 모든 학생이 원활하게 탁구를 칠 수 있었다.

나에게 '학생자치란 무엇인가?'라는 질문이 들어온다면 이렇게 답할 것이다. '학생자치는 소통과 의견 조율의 연속적인 과정이다.' 학생들은 자신이 말했던 의견이 무시되지 않고 받아들여진다 생각하면 더욱더 적극적으로 의견을 낸다. 그렇게 되면 학생들이 학교의 주체가 되는 진정한 학생자치를 실현할 수 있다. 나에게 체육부 활동은 이런 학생자치의 기본을 배울 수 있는 소중한 기회였다.

학생자치,
그 생소했던 말에
길들여진 순간

김영선 2011. 3 - 2017. 2 보평중 근무

학생자치의 시작, 학생자치회 선거

    2013년, 보평중학교는 혁신학교 4년 차가 되었다. 교사 중심의 변화
는 두드러졌지만 학생들이 스스로 학교 안에서 주인의식을 가질 기회
가 절실하다는 판단하에 학생자치부의 필요성이 대두되었다. 그래서
학생인권부 업무의 하나였던 자치 업무가 하나의 부서로 독립을 했다.
이로써 자치 업무에 집중할 수 있는 바탕이 마련되었다.

신설된 학생자치부장을 맡게 되어 학생자치회를 어떻게 운영할 것인가 고민하며 2012년 겨울방학을 보냈던 기억이 난다. 부담감이 없지 않았지만 설레는 마음이 더 컸다.

학생자치회를 활성화하기 위해 가장 중요하게 여긴 것은 학생회장단 및 각 부서의 부장, 차장 선출 과정이었다. 일 년 농사의 50%가 이 선출 과정에 달려 있다고 생각하고 최대한 공을 들였다. 일반 학생들의 학생회에 대한 관심과 참여를 유도하는 것은 물론, 선발된 학생들도 학생 대표로서 책임감을 가질 수 있게 해야 했기 때문이다.

11월에 학생회장단 선거를 실시했다. 그전에는 방송실에서 연설하고 투표를 실시하는 구조였는데, 전교생이 강당에서 회장단의 공약을 듣고, 공개 토론을 하여 검증할 수 있게 했더니 학생자치회 운영에 의지가 있는 학생이 선출되었다.

다음 해 3월 강당에서 실시하는 오리엔테이션 때 이미 선출된 학생회장단이 각 부서가 하는 역할을 학생들한테 설명하고 적극적으로 지원해달라고 홍보를 했다. 이후 각 부서의 임원을 공개 모집해서 면접을 실시했는데, 많은 학생들이 참여하여 책임감과 창의성을 겸비한 인재를 선발할 수 있었다.

학생자치부 담당교사는 무슨 일을 할까?

2013년 학생자치회는 학생회장단과 각 학년 자치부서 교사들과 함께 역량 있는 각 부서 임원들을 선발하는 것부터 시작했다. 그리고 바로 3월 중반에 워크숍 형태의 집행부 수련회를 1박 2일간 판교청소년 수련관에서 실시하였다. 학생자치 역량을 키우고 실천하기 위해서는 임원 수련회가 워크숍 형태로 진행되어야 한다고 생각했다.

먼저 관계 형성 프로그램을 진행하여 집행부원들 간에 라포rapport를 형성하고, 당해 학사 일정을 바탕으로 학생회 연간 계획을 부서별로 짜고 검토하였다. 학생들은 직접 연간 계획을 짜고 실행할 수 있다는 마음에 매우 열정적으로 임하였다. 시작이 반이라는 말처럼 학생자치회 연간 계획을 짜고 피드백을 해주는 과정으로 이미 학생자치에 반은 도달한 느낌이었다.

직접 세운 연간 계획을 바탕으로 부서별로 업무를 나누니 학생들은 자신의 부서가 어떤 역할을 해야 할지 한눈에 알 수 있다. 또한 학생들은 자신들이 세운 계획이기에 열심히 추진한다. 그러나 추진하는 과정에서 늘 갈등과 예상치 못한 일들이 벌어진다. 그래서 교사의 조정자 역할도 중요하다. 월별로 계획이 잘 진행될 수 있도록 지원해주는 것이 학생자치회 담당교사의 가장 중요한 역할이다.

월별 행사를 진행할 때 이를 위한 사전 회의(해당 부서 기획회의-집행위원회 피드백-학급회의)와 사후 회의(학급회-학년회-대의원회)를 실시해야 학생들의 공감대가 형성되어 일이 잘 추진될 수 있다. 이 과정에서 회의 시기를 잘 잡아 진행하도록 교사가 물밑 작업을 해야 한다. 연간 자치 활동 계획을 미리 세워두지 않으면 행사 전후의 학생회활동도 잘 이루어지지 않고 그렇게 되면 학생자치회 활동을 통해 학생들의 의견을 수렴하고 반영하는 것이 어려운 구조가 해소되지 않는다. 하지만 한 학기만 교사가 세심하게 운영하면서 뒷받침을 해주면 2학기는 학생들이 알아서 잘한다.

학생자치회가 활성화된 학교에는 학생들의 역량을 이끌어낼 수 있도록 물속에서 보이지 않게 끊임없이 발길질하는 교사가 있다. 이를 바탕으로 학생들은 우아한 백조가 되어 아름다운 날갯짓을 하는 것이다. 학생들의 워크숍에 동행하고, 회의에서 좋은 의견을 모으고, 건의사항을 처리하며 학생회가 기획한 활동을 할 수 있도록 세밀하게 뒷받침하는 역할을 교사가 하지 않으면 안 된다.

학생자치에 대해 배운 바도 없고, 왜 그렇게 해야 하는지도 모르는 학생들에게 '학생자치니 모든 것을 알아서 해봐!'하는 것은 방임에 가깝다. 하나부터 열까지 교사와 함께 논의하고 함께 배워가며 채우는 것이 자치활동이다.

학생자치 활성화는 또 다른 교육

첫해 학생회활동 계획은 체육대회, 스승의 날, 쌓고 비비고의 날, 나눔친구 기획 및 실행(멘토 멘티 활동), 알뜰하제 3회(보평초중고 연합 벼룩시장), 다끈하제(보평초중고 연합 마을 축제, 10월 실시), 학생인권주간(11월 1주일간), 해피스쿨 동아리 축제 등 행사가 많아 집행하는 학생, 주무 담당교사, 각 부서와의 연계 과정이 매우 복잡하고 힘들었다. 게다가 우리는 열심히 하는데 학생들의 반응이 시큰둥하고, 교사들도 일이 또 하나 늘어난 것 같은 느낌이었다고 말할 때는 서운하기도 했다.

그러나 학생들은 체육대회와 축제, 입학식, 졸업식, 각 학년말 프로그램, 캠페인, 급식 질서 도우미 등을 기획하고 실행하면서 학교 교육에서 수동적인 존재가 아니라 능동적 주체로 살아 있음을 온몸으로 느꼈다. 미래는 우연히 만들어지는 것이 아니라 현재 사고하고 행동하는 만큼 달라진다는 사실을 학교라는 사회에서 자치활동을 통해 깨달은 것이다.

학생들은 학급회의 시간에 나온 자신들의 의견이 어떻게 반영되는지를 예의주시한다. 자신들의 의견이 소중하게 다뤄지고 학교에서 최선을 다해 처리하는 것을 눈으로 목격했을 때, 학급회의 시간에 더욱 좋은 의견을 내려고 노력한다.

담당교사는 건의사항을 해당 부서에 알리고, 필요한 내용은 교직원 회의나 기획회의에 부쳐 의견을 조율하고, 내부 결재 후 벽보를 통해 학생들에게 알리는 과정을 매월 실시하였다. 학급회의에서 나온 의견을 모아 건의사항을 확실히 처리한다면 학생들은 학교를 신뢰할 것이고, 교직원 전체도 학생들의 요구사항과 불편함을 알게 되는 계기가 되므로 의미 있는 일이었다.

이후 보평중에서는 학생들이 학교에 건의해서 문제를 해결하기보다는 학생회에서 할 수 있는 것은 학생회에서 해결하도록 하여 건의를 통해 자치 능력을 키우는 방향으로 나아갔다. 예를 들어 '화장실 출입문 불투명 처리' 등의 건의사항을 다시 학급회의 주제로 되돌려 무엇이 문제이고, 어떻게 해결해야 할지를 논의하면서 좋은 방법을 모색해 보게 하였다. 사소해 보이지만 제대로 절차를 밟아 건의사항을 해결하려는 성의를 보인다면 학생들은 건설적인 안을 찾는다.

그렇게 한 해 두 해 차곡차곡 역량이 쌓이고, 후배가 선배에게 배우면서 학생들은 민주시민으로서의 자질을 갖게 된다. 사실 이 과정 자체가 민주시민교육 아닌가? 자신이 몸담고 있는 곳에 관심을 갖고 참여하면 좀 더 나은 세상으로 만들 수 있다는 것을 체험하고, 합의하고 조정하는 과정에서 공동체 의식을 익히고, 문제를 해결해나갈 때 독단적인 결정이 아니라 다른 사람의 의견에 귀 기울일 줄 알고, 모두에게 이익이 되는 방향으로 결정을 내리는 것을 배우는 게 민주시민교육이 아니면 무엇이란 말인가?

학생회 집행부의
치열한
면접 장면

김말희 2011. 3 - 2016. 2 보평중 근무

면접 과정도 성장의 기회

학생회장 선거가 끝난 12월, 배움관 1층 학생회의실 앞에 있는 1학년 교실은 열기로 뜨겁다. 학생회 집행부 모집 공고문을 보고 지원 서류를 내고 면접을 기다리는 학생들로 가득 차 있다. 경쟁률이 4:1을 넘는다. 기다리는 학생들 손에는 메모지가 한 장씩 들려 있고, 중얼중얼 대답을 연습하는 등 진지하기가 입사 시험 면접장 저리 가라다.

대기 순서와 예상 소요시간을 문에 붙여두어 언제쯤 자신의 차례가 되는지 예상할 수 있게 하는 배려도 보인다. 학생회의실 안에서는 진지하면서도 무겁지 않은 면접이 진행 중인데, 진행 과정이 놀라울 정도로 체계적이다. 면접관은 전 회장단과 차기 회장단 그리고 각 부서의 전년도 부장과 차장이다. 먼저 미리 준비된 공통질문을 하면 지원자가 손을 들어 발표한다. 미흡한 부분은 추가질문을 하고, 지원자끼리도 질문을 할 수 있다. 그 다음은 개별질문인데, 지원서를 꼼꼼하게 읽고 미리 만들어온 질문 두세 개를 한다.

예를 들어 행사기획부 지원자에게는 "행사가 무겁지 않으면서 의미 있게 하는 방법을 말씀해주세요.", 봉사부 지원자에게는 "우리 학교 봉사부의 정확한 역할이 확실치 않은데 방향성에 대해 말씀해주세요." 라는 식이다. 면접을 마치고 나온 지원자들은 밖에서 기다리고 있던 친구에게 질문이 뭐였는지 얼마나 떨렸는지 얘기하느라 쉽게 자리를 뜨지 못한다.

흐뭇하기도 하고 부럽기도 하고 자랑스럽기도 한 광경이다. 지원서를 쓰고, 면접 준비를 하고, 면접을 보고, 합격자 발표를 기다리면서 자신이 맡을 부서에 대한 고민을 하고 비전을 갖게 되니 다음 해 학생회활동이 성장할 수밖에 없다.

면접이 끝난 학생회의실 안에서는 또 한 번의 치열한 논의가 남아 있다. 심사 기준이 있음에도 불구하고 동점인 경우도 있고, 우열을 가릴 수 없는 경우도 있어서 합격자를 선정하기 위한 뜨겁고 흥미로운 논쟁이 벌어진다.

지원자 중에 학생회장의 여자친구가 있었는데 학생회장이 "개인적으로 같은 점수라면 다른 사람으로 하는 게 더 좋겠다"라고 주장해서 논란이 벌어지기도 하고, 남녀 성비를 감안할 것인지 능력만 볼 것인지도 논쟁거리가 된다. 평소 생활 모습을 고려할지 면접 장면에서의 모습만을 평가할지도 결정하기 쉽지 않다. 교사는 그냥 그 장소에 있을 뿐 면접 결과에 전혀 영향을 미칠 수 없고, 학생들도 교사를 별로 신경 쓰지 않는다. 교사의 할 일은 늦은 시간까지 진행이 되니 저녁을 먹을 수 있게 준비를 해두는 정도이다.

이렇게 구성된 집행부는 워크숍에서 연간 계획을 세운다. 모든 진행은 새로 뽑힌 차기 회장단이 진행한다. 부서별 업무를 계획하고 공유하면서 질문을 받는다. 이 자리에는 전년도 선배가 참여하여 경험자만이 할 수 있는 유용한 조언을 한다. 이렇게 계획된 부서별 활동 내용을 한 장으로 묶어 학생자치회 연간 활동 계획을 교내 게시판에 게시하는 것으로 학생자치회의 일은 시작이 된다.

치열한 선거와 면접을 거치면서 해야 할 일이 무엇인지, 하고 싶은 일이 무엇인지 스스로 정확히 알게 된 학생회 집행부는 달릴 준비가 끝난 기차와 같다.

3학년을 위한
학기말
프로그램

안주연 2012. 3 - 2017. 2 보평중 근무

3학년 부장을 맡으라고요?

나는 보평중에 근무했던 5년 동안 학년부장을 세 번 했다. 힘들 때
도 있었지만 선생님들과 으쌰으쌰 힘을 내 학생들을 지도하는 게 즐거
웠다. 교육지원청으로 자리를 옮겨 학교를 지원하고 있는 요즘도, 그 시
절로 돌아가 학교현장에서 그 즐거움을 다시 느끼고 싶을 때가 있다.

처음 학년부장을 한 건 2013년이었다. 3학년 부장을 맡게 되었는

데 처음엔 정말 '멘붕'이었다. 3학년 담임도, 부장도 해본 적이 없고, 희망원 제출 시 3학년은 희망하지 않았기 때문에 생각도 못한 일이었다. 그러나 '3학년 경험은 없지만 다른 학교에서도 15학급 이상의 학년 운영을 해보지 않았나. 이왕 하게 된 거 쫄지 말고 해보자.' 하고 마음을 다잡았다. '담임선생님들 이야기에 귀 기울이고 대변하는 학년부장이 될 것, 3학년 특성을 고려해 내가 할 일을 찾아 담임선생님들을 적극 지원할 것.' 이 두 가지가 내가 3학년 부장을 맡으며 처음 했던 생각이다.

여러모로 부족했지만 3학년 담임선생님들의 의견을 경청하려 노력하고 협의를 거듭해 고입 지도부터 성장학교(3학년 특성화 프로그램), 3학년 학생회, 3학년말 프로그램 운영까지 할 수 있었다.

실속 있게, 신나게, 3학년말 프로그램 만들기

중학교 3학년 12월은 대부분의 학생이 고등학교를 결정하고 12월부터 2월까지 3개월 계획을 짜 공부를 시작한다. 12년의 초·중·고 생활을 통틀어 미래를 꿈꾸며 가장 몰입해 공부하는 시기가 바로 이 3개월이다. 사실 이 시기는 고입 지도에 학년말 업무 마무리에, 교사들 입장에서도 수업에 집중하기 힘든 시기이다. 3학년 부장이 되었다는 사실을 알고부터 그 12월이 어찌나 신경 쓰이던지……

보평중에서는 수업의 본질에 충실해야 한다는 생각으로 연초 교육과정 재구성 시 이미 학년말 수업에 공백이 생기지 않도록 교과에서도 신중히 계획을 세운다. 게다가 교육과정 재구성에 공을 들이는 문화도 잘 정착되어 있다. 그래서 신학기 준비 기간에 3학년 담임선생님, 교과 담당선생님들과 12월 교육의 어려움을 공유하고, 3학년말 프로그램을 염두에 두고 수업과 수행평가 계획을 세울 수 있었다.

프로그램 운영 계획과 진행은 교사들과 3학년 학생회가 함께했다. 전년도 3학년에서 실행했던 프로그램에 대한 분석을 바탕으로, 고입을 앞둔 학생들에게 어떤 교육이 필요한지 고민하는 과정을 거쳐 프로그램 운영 목적과 방침을 결정했다. 목적에 맞게, 문화체험, 체육활동, 진로활동에 머물지 않고 교과연계활동, 반별 단합활동을 추가해 17개 프로그램을 계획하고, 프로그램마다 교사와 학생으로 담당 팀을 구성했다.

3학년 교과 교사들과 각 프로그램의 운영 취지부터 구체적인 진행 방법 및 도구 사용까지 세세한 내용을 공유했다. 쿨 메신저를 통해 당일 프로그램 운영 방법과 유의점을 당부하고, 개별 안내가 필요한 사람에게는 직접 찾아가 안내를 해서 교사 모두 충분히 준비한 상태로 수업에 임할 수 있도록 지원했다. 학생들에게는 3학년 학생회가 중심이 되어 프로그램을 홍보하고, 담임선생님들은 3학년말 프로그램의 의미를 알렸다. 교사와 학생 모두 신나되 진지하게 그 시간을 보낼 만반의 준비를 하려고 노력했다.

개별활동보다는 모둠활동, 학급활동을 위주로 계획했다. 중학교에서의 마지막 시간을 친구들과 함께 추억을 만들고 교실과 학년 게시판에 활동 결과물들을 게시하며 즐겁고 의미 있게 보내도록 했다. 12월이라는 시기의 특성을 고려해 준비한 별도의 수업이지만, 수업의 본질은 다르지 않으므로 평소에 수업하듯 제대로 하고 싶었다.

2013년 3학년말 프로그램과 3학년 특성화 프로그램인 성장학교는 2014년, 2015년 3학년부에서 더 변화, 발전시켜 지금에 이르고 있다. 모두 함께 공들여 실행했던 프로그램들이었던 만큼 이후에도 잘 정착되길 바랐는데, 다음 해 3학년부에서 잘 이어받아 더 알차게 운영하는 걸 보면서 먼저 운영한 사람으로서 보람을 느꼈다.

보평중표 학생 중심 졸업 축제

교사와 학생이 함께 3학년말 프로그램을 마치고 나니 졸업식도 그 방식대로 술술 진행됐다. 졸업식 준비가 쉬웠던 건 아니었지만 3학년말 프로그램 경험이 있어 방향을 잡기 쉬웠다. 요즘은 내빈 소개나 학교장 인사말은 짧게 줄이고 소통하고 공감하는 학생 중심의 졸업식이 일반화되어 있지만, 당시에는 그렇지 않았다. 그런데 이미 학생들이 3학년말 프로그램을 통해 왜 이런 활동을 하려고 하는 건지, 어떻게 해야 제대로 하는 건지, 자신들이 주체가 되어야 하는 이유는 무엇인지, 생각이 다른 친구들과 의견을 조율하며 함께하려면 어떤 자세로 임해야 하는지를 배웠기 때문에 진정한 학생 중심의 졸업식 준비가 가능했다.

졸업식은 3학년 담임선생님들과 3학년 학생회에서 함께 준비했다.

담임선생님들은 노래와 율동을 준비하고, 학생들과 추억을 떠올리며 격려하는 전 교사의 마음을 영상에 담았다. 3학년 학생회 친구들은 졸업식에 들어갈 영상과 자축 공연을 준비했다. 3학년말 프로그램 중 하나였던 반가 경연대회 영상과 패션쇼 사진, 뮤지컬 영상, 그리고 졸업생들의 3년간 활동사진을 졸업식 입장과 졸업장 수여 시간에 상영하기 위해 각 반 대표가 반별로 편집했다. 공연은 보평중 학생회 집행부에서 활동한 3학년 학생들 한 팀, 각 반 회장, 부회장으로 구성된 3학년 학생회 한 팀, 이렇게 두 팀이 준비했다.

말로 줄여 놓으니 간단해 보이지만 방학 동안 학생들과 졸업식 준비를 하는 것이 쉽지는 않았다. 다들 학원에서, 독서실에서 온 힘을 다해 공부하던 시기라 시간 빼기가 하늘에 별 따기였기 때문이다. 각 반 영상 편집본을 취합하는 것도, 15명이 넘는 인원이 팀을 이뤄 연습하는 것도 참 어려웠다.

멋진 졸업식을 하는 것이 목적이었다면 하루에도 속이 열 번은 터졌을 것이다. 그렇지만 누가 만들어주는 졸업식이 아니라 졸업하는 당사자들 스스로 중학교 3년을 돌아보며 자축하는 졸업식을 하고자 했기 때문에 서툴더라도 준비하는 과정에 의미를 두고 만들어갔다. 교사들은 그 곁에서 지원하고 지켜봐주었다.

그렇게 준비한 덕분일까? 졸업식은 졸업생들이 주인공이 되어 흥겹게 그러나 진중하게 진행됐다. 졸업식에 참석했던 학부모님들의 입소문에 힘입어 졸업식에서 자축 공연을 했던 졸업생들이 인근 보평초 졸업식에 초대받아 후배들을 위한 축하 공연을 하기도 했다.

학급회의, 학년회의, 대의원회
그리고
오픈학년회의

이서진 2015. 3 - 현재 보평중 근무

학년부, 학생자치의 중심이 되다

우리 학교 학생자치회 활동이 나름 활성화되었다고 생각하고 있었다. 그런데 2018년 1학기를 마치고 학교 교육공동체 차원에서 '민주적 학생자치 문화를 위한 성찰'이라는 주제로 학생자치활동을 보다 면밀히 살피면서 한 가지 문제를 발견했다. 학생회 집행부가 학생 주도의 행사를 기획하고 진행하는 시스템은 이미 안정적으로 체계화되어 있지만, 학생자치회 민주화는 학생회 주도의 탁월한 행사 기획력과 진행만으로는 부족하다는 생각이 들었다. 학생들의 실질적인 학교생활 관련 문제에 대한 고민이 빠져 있기 때문이다.

학생이 학교생활에서 겪는 어려움과 고민들에 대해 서로 이야기하고 해결 방법들을 함께 고민하는 중심에 있을 때 학생자치는 학교민주주의의 의미와 연계될 수 있다. 이러한 학교 교육공동체의 성찰과 개선 노력으로 2018년 하반기부터는 일반 학생들의 관심과 참여를 유도하기 위한 학년부의 활동이 더욱 활발해졌다.

소통과 협의를 배우는 아이들

2학년부는 상반기에 1, 2학년을 대상으로 하는 '오픈학년회의'를 기획하여 개최했다. 오픈학년회의는 학급회의가 활성화되지 못하여 일반 학생들의 의견이 잘 반영되지 않는 점을 보완하기 위한 회의이다. 이 회의를 1, 2학년부가 공동으로 진행하여 학생들이 학교생활과 관련해 자기 생각을 각자의 관점에서 자유롭게 이야기하게 했다. 회의 결과를 학년부 교무실 앞에 게시하여 참석하지 않은 학생도 내용을 알 수 있게 했다.

행사기획부에서는 많은 학생들이 미세먼지 등 환경문제의 심각성을 알고 식물심기 활동에 참여하도록 4월 5일 식목행사의 날을 새롭게 추가하였다. 식목행사의 날에는 식물사랑 실천행사로 식물 관련 2행시 짓기 행사를 진행하고, 참여한 학생들에게 작은 화분과 씨앗을 제공하기로 하였다. 한 학기 동안 정성스럽게 키운 학생이나 학급에 학기말 소정의 상품도 지급할 계획도 세웠다.

행사 계획은 대의원회를 통해 학급 임원에게 전달되었고, 학급 임원은 학급 안내문과 함께 행사 계획을 학급에 전달하였다. 학년부 교사들은 중학교 교실에서 식물을 키우는 동안 흔히 일어나는 문제들(화분에 물건을 던지는 등의 장난으로 인한 안전문제, 교실 오염문제 등)에 대해 걱정했다. 이에 각 학급에서는 식물사랑 실천행사에 대한 본질적 의의를 공유하고 행사를 어떻게 진행할지 학급자치회의를 통해 결정해나갔다.

식물 키우기 활동에서 발생할 수 있는 문제점에 대해 논의한 학생들은 학급에서 식물을 키우기로 합의한 학급만 식물 키우기 행사에 동참하기로 했다. 또한 학급에서 식물 키우기를 반대하는 경우 개인적으로 식물 키우기 행사에 참여할 수 있도록 했다. 소통과 협의 과정의 중요성을 다시 한번 확인할 수 있는 계기였다.

또한 2학기 학급 임원 워크숍에서는 3학년 자치담당교사가 학급회의 주제 선정 방법, 발문 만들기, 회의 진행 요령, 전체 서클 진행 요령, 모둠 서클 진행 요령, 의견 조율 요령 등을 안내하고 학급회의 진행 실

---

* 둥그렇게 모여 앉아 한 명씩 돌아가며 이야기하는 것을 서클이라고 한다. 회의에서 학생들의 의견을 물을 때 일부 학생만 발표하는 게 아니라 모든 학생들이 돌아가면서 자기 생각을 말하고 다 같이 경청하여 의견을 모으는 방식이다. 회복적 생활교육에서 서클은 피해자, 가해자, 주변에서 같이 있던 친구들까지 모두 둥글게 앉아 자기가 느낀 것을 솔직하게 이야기하며 해결해가는 방법이기도 하다.

습을 함께 진행하였다. 학급자치의 활성화와 학생들의 관심과 참여를 높이기 위한 교사의 안내가 더해진 것이다.

학생이 풀어가는 학교생활 문제

2019학년도 3월 어느 날, 1학년 한 학생이 코피가 났는데 화장실이나 학급에 비치된 휴지가 없다고 교무실에 찾아왔다. 학급회장에게 물으니 휴지는 학생회에 문의하라 해서 학생회에 갔더니 휴지를 주지 않았다는 것이다. 당황스럽게도 학생회가 휴지를 지급해주는 역할을 하는 것으로 알고 있었던 모양이다. 신입생이라 학생자치회가 학생의 모든 문제(휴지 공급과 같은)를 해결한다고 생각했을 것이다.

그동안 화장실에 있는 휴지로 장난치는 문제 때문에 휴지 비치에 대한 논의가 매년 계속되었다. 2018년에도 마찬가지로 학생자치회 학년부 중심으로 논의가 진행되었고, 학년에 따라 그 해결 방법이 다르게 결정되었다. 1, 2학년 학년부에서는 교무실과 학급에서 휴지를 관리하기로 협의하였고, 3학년부는 화장실에 휴지를 공급해주되 학년부 차원의 캠페인 활동 등을 통해 향후 그런 문제가 발생되지 않도록 노력하겠다고 협의했다.

작년의 협의 과정에 따라 2019년에 2학년부에서는 이 문제를 개선하기 위해 생활캠페인 주제로 정하였고, 1년 동안 꾸준하게 포스터 제작, 동영상 제작 등 다양한 프로젝트를 구상하고 실행하기로 했다. 1학년부도 화장실 휴지 공급에 대한 논의가 진행되었어야 하는데 아직 학기초라 진행되지 않았고, 마침 그날 교실과 화장실에 휴지가 떨어졌던 모양이다.

학생들이 학교생활을 하다 문제가 생겼을 때, 학생 스스로가 그 문제점을 인식하고 학생자치회 학년부 또는 학급회의를 중심으로 그 문제점에 대해 논의하여 해결 방법을 강구하고 실천 노력을 통해 해결해 가는 것이 학생자치활동이다. 학생자치회만 학교 문제를 해결하는 주체가 아니다. 학교생활과 관련된 문제는 학생 모두의 문제이기에 모두가 주체가 되어 관심을 갖고 적극적으로 협의 과정에 참여하여 해결을 위해 노력해야 한다.

학생자치활동을 위한 교사의 지원

학생들의 학교생활 문제와 관련하여 교사 공동체와의 협의가 필요한 경우 교사 공동체도 함께 협의회를 진행하고 학생자치활동을 지원한다. 학생자치라고 학급회의 진행을 전적으로 학생에게 맡기지 말고 회의 진행 전 안내와 회의 진행시 진행 방식과 방향에 대한 적절한 교사의 개입이 필요하다.

2학년 전교 부학생회장 공약 내용 중 각반 교실에 거울을 설치하는 안이 있었고, 휴대폰을 제출했다가 액정이 파손될 수 있다는 우려와 불안감으로 휴대폰을 제출하지 않는 학생이 생기는 문제에 대한 건의사항도 있었다. 이 건의사항을 학년부 담임교사들에게 전달하여 학년부 교사들이 함께 논의하고, 각 학급에서 학급회의 진행 후 학년 전체의 의견을 수렴하여 해결하였다.

매년 신입생과 전입교사가 새롭게 학교 공동체의 구성원이 된다. 구성원의 교체에도 흔들림 없이 학교민주주의를 실현시키는 학생자치 시스템을 안정화하기 위해서는 다음과 같은 노력이 필요하다.

첫째, 학생자치 시스템에 대한 끊임없는 성찰과 변화의 노력이다. 열정적인 혁신의 주인공들이 만들어온 좋은 시스템의 골격은 유지하되, 시대의 흐름에 맞지 않거나 실효성이 없고 개선의 여지가 있는 것들은 성찰의 과정을 통해 과감하게 혁신한다.

둘째, 학교 공동체 모두의 협력과 존중의 협의 문화가 필요하다. 서로를 이해하고 배려하는 문화는 자치와 민주주의 기본값이다. 이러한 문화는 회복적 생활교육과 긍정훈육, 독서와 토론, 민주적 협의 문화 등 다양한 교사 연수를 가능하게 했던 전문적학습공동체를 뒷받침하는 힘이기도 하다.

셋째, 학교 관리자들의 혁신 마인드와 함께 전폭적인 지원이 필요하다.

마지막으로 학교 교육공동체 구성원의 학생자치활동에 대한 열린 마음과 긍정적인 인식, 그리고 인내심이 필요하다. 배우고 있는 학생들이 겪을 수 있는 시행착오를 지켜봐주고 바람직한 방향으로 안내해주기 위한 교사의 노력과 인내심은 필수조건이다.

이와 같은 요건과 함께 학생자치활동 매뉴얼을 마련해 지속적으로 점검·보완해나간다면 학교 공동체의 구성원이 바뀌어도 자연스럽게 융화될 수 있을 것이다. 그리고 학생자치회가 소수 엘리트 학생 중심이 아닌 학년, 학급 학생 중심의 학생자치회의 계통을 이어갈 수 있을 때 학생이 중심이 되는 학생자치의 민주화가 실현되고 지속될 수 있을 것이다.

중2도
가능했다,
학급자치

이창현 2014. 3 - 2019. 2 보평중 근무

기대감과 불안감이 공존하는 새 학기

새 학기, 새 학년, 새 학교의 첫날은 교사도 긴장되는 날이다. 무엇보다 새로운 학생들과 처음 마주하는 순간이 가장 떨린다. '올해는 어떤 아이들이 나를 반겨줄까?'라는 기대감과 '올해는 어떤 일이 일어날까?'라는 불안감이 공존하는 이 순간, 우리는 많은 고민을 하다 '내가 과연 잘 해낼 수 있을까?'라는 걱정에 사로잡히기도 한다. 이럴 때

일수록 자신이 지금껏 해온 것을 믿고, 새로 만날 학생들을 믿으며 학급자치를 운영해야 한다고 생각하지만, 내 마음처럼 아이들이 잘 따라주지 않으면 어쩌지 하는 염려가 머릿속을 맴돈다.

이런 고민에 휩싸여 있을 때 가장 큰 도움이 된 건 바로 옆에서 묵묵히 응원해준 동료교사와 선배교사 분들이었다. 그분들이 흔쾌히 나눠주신 자료와 아이디어, 따스한 한마디는 그간 미루고만 있었던 학급자치 문화 형성을 위한 노력의 시작점이 되었다.

우리 반만의 학급 규칙 성찰하기

학교마다 학기초 운영방식이 다르겠지만, 나는 아이들과 마주한 첫 시간에 학급자치에 대해 안내하며 1년 동안 어떻게 지낼지 다짐하는 오리엔테이션 시간을 가졌다. 담임교사로서 1년의 다짐을 이야기하며 학급자치의 중요성을 이야기했다. 누구누구 선생님의 반, 나만의 반이 아닌 우리 반이라는 공동체를 위해 학급 친구들과 정하는 약속의 필요성을 강조했다. 그리고 담임교사가 급훈, 학급 규칙, 약속을 정하는 것이 아니라 학생이 중심이 되어 우리 학급만의 약속을 정해야 한다고 말했다.

처음에는 '신뢰 서클'을 적용해 모든 친구의 의견을 함께 듣고 공통되는 부분은 합치고 새로운 의견은 의논 후 학급 규칙에 적용하는 방법을 선택했다. 그런데 너무 많은 규칙이 언급되면서 이를 듣고 정리하는 물리적인 시간도 길어져 새로운 방안을 모색했다. 한 명의 의견도 소외되지 않고, 모둠의 의견을 전해들을 수 있는 방법이 무엇이 있을지 고민하다 학기초에 함께 고민해볼 만한 주제를 네 가지(학급 급훈, 배움을 위한 다짐, 존중의 자세, 나만의 새 학년 다짐) 정해서 모둠활동지로 만들어 모둠 간의 의견을 조율하는 방법을 시도했다.

모둠활동 시, 주제별로 담당 친구를 정해 모둠 내 친구 모두의 의견을 듣고 하나의 활동지에 최종 정리하여 작성했다. 모둠별 정리가 끝나면 각 주제별 모둠 발표자가 자신의 모둠에서 나온 의견을 발표하여 공통된 의견을 중심으로 우리 반만의 학급 약속을 최종 선정하였다. 최종 선정된 학급 규칙은 학급 게시판에 게시하여 평소에도 잊지 않고 지킬 수 있도록 했다.

그러나 1학기 말쯤 되면 유명무실해지는 약속이 생겨나기 마련이다. 머릿속에서는 지켜야 할 약속이라고 인지하고 있지만, 관계 형성이 이뤄낸 '안도감'과 '편의'라는 이름 아래 점차 여러 친구들이 지키지 않게 되고, 학급 분위기가 어수선해진다. 이러한 문제 상황을 담임교사만이 아닌 학급원 모두가 재확인하고 고민하는 시간을 가질 필요가 있다.

아이들과 1학기 동안 개인과 학급에서 있었던 '칭찬 사례'와 아쉬웠던 '반성 사례'를 되돌아보며 남은 기간 동안 함께 고민해야 할 사안을 떠올리는 활동을 가졌다. 이를 통해 그간 잘 지켜온 긍정 사례는 유지하고 미흡했던 사례는 새로운 의견을 받아 보완책을 마련하는 데 힘썼다.

학기 중이라도 학생들의 마음가짐이나 학급 분위기가 흔들리는 모습이 보이면 성찰의 시간을 갖고 학생 스스로 고민하고 해결할 수 있도록 독려했다. 이런 활동은 학생들이 우리가 학급자치 문화를 정립해 가고 있다는 확신과 학급의 일원이라는 소속감을 키울 수 있게 해주었다.

우리 반만의 추억 새기기

담임선생님이라면 1년간 차곡차곡 쌓아온 추억을 잊지 않고 새길 수 있는 방법이 없을지 한 번쯤은 고민해본 적이 있을 것이다. 어느 학급에서도 시도하지 않은 '학급 특색 활동'을 운영한다던가 학급 학생들의 단합을 이끌어내는 교내 체험활동을 한다던가 여러 가지 활동을 통해 아이들과 추억을 쌓았다. 그러나 이 추억은 1년이라는 기간 중 단 하루에 불과했고, 시간이 지나면 아이들의 추억이 서서히 사라지는 것이 아쉬웠다.

그러다 문득 '1년의 학교생활을 모두가 하루하루 번갈아 기록하여 영원히 추억할 수 있으면 어떨까?' 하는 생각이 들었다. 그래서 학급에서 있었던 매일의 추억거리를 기록하는 일지를 만들어보기로 결심했다.

학급일지를 작성하기 전 가장 걱정되었던 부분은 우리 반 학생들 모두가 참여할 수 있을까 하는 것이었다. 꾸준히 독려도 했지만 학급원 모두가 빠짐없이 참여하는 학급 전체의 '약속'이라는 인식을 최우선으로 했다. 학생들에게 학급일지가 1년 동안 우리 반만의 추억을 담아줄 소중한 자산임을 전하고, 처음 시작을 알리는 글을 교사가 먼저 작성했다. 그리고 학생들이 작성한 글에 매일 답글을 달아주어 그날의 의미를 더 깊이 되새길 수 있도록 했다.

학급일지에는 각 교과 시간에 있었던 수업 내용만을 쓰는 것이 아니라 그날 있었던 특별했던 활동이나 소중한 추억을 만들어준 친구의 이야기도 기록하게 하는 등 형식에 구애받지 않고 자유롭게 쓰도록 하였다. 단, 학급원 누군가에게 상처가 될 수 있는 비난이나 비판을 담은 내용은 작성하지 않도록 당부했다. 말과 글을 통해 생겨난 상처는 날카로운 흉기로 새긴 상처보다 마음속 깊이 새겨져 평생 지울 수 없는 상처가 될 수 있음을 인지시키며 상대를 배려하고 칭찬해주는 따뜻한 글귀를 작성할 수 있도록 했다.

이렇게 1년간의 기록을 담은 학급일지는 학기말 학급활동 때 현재의 자신을 소개하는 프로필, 같은 반 친구에게 하고 싶은 말 등을 추가하여 학급문집으로 편집하여 종업식이나 졸업식 때 나눠주었다.

처음 시도했을 때만 하더라도 매일 학생들을 참여시키는 것과 교사도 이를 확인하고 응원하는 것에 어려움을 느꼈지만, 점차 학급생활의 일상적인 활동이 되고, 반 모두가 하나의 추억을 되새길 수 있는 우리 반만의 '상징'으로 자리 잡게 되면서 성공적으로 학급자치 문화로 안착되었다. 덕분에 1년간 함께해온 순간을 평생 기억할 수 있었다.

동아리-방과후학교의 시작

안주연 2012. 3 - 2017. 2 보평중 근무

나는 학생자치부가 생기고 2년째 되는 2014년에 학생자치부장을 맡게 되었다. 전년도에 시작한 학생자치활동을 제대로 정착시키는 것도 중요했고, 전교생 동아리활동 시스템 구축 방안도 찾아야 했다. '동아리활동은 왜 해야 할까? 어떻게 하는 게 제대로 하는 걸까?' 2014년은 설거지를 하면서도, 자려고 누워서도, 밥을 먹으면서도 동아리활동

을 고민한 한 해였다.

2011년 개교 후 2013년까지 보평중에서는 '해피스쿨'이라는 멋진 이름으로 학기말에 3~4일씩 동아리활동을 실시했다. 수업 집중력이 떨어지는 시기에 동아리활동을 집중적으로 운영해서 시간에 구애받지 않고 다양한 활동을 할 수 있었다. 하지만 며칠 동안 같은 활동을 하면서 내실을 기하는 것이 쉽지 않았고, 학기말 교무업무 때문에 바쁜 교사들은 하루 종일 동아리를 지도하는 것이 부담스러웠다. 추운 겨울에 동아리활동 결과를 공유하는 축제를 여는 것도 마찬가지였다.

비슷한 생각이나 취미, 특기를 가진 친구, 선후배와 스스로 계획을 세우고 꾸준히 실천하며 자신이 좋아하는 것을 더 깊이 배우는 활동을 하면서 자연스럽게 여러 가지 역량을 키워가는 활동이 동아리활동인데, 과연 해피스쿨을 통해 이 목표가 이루어지고 있는지 문제가 제기됐다. 이런 문제를 극복하기 위해 2014년 새롭게 시도한 것이 '동아리-방과후학교'이다.

동아리활동, 어떻게 시작할까?

교장선생님은 전교생의 동아리활동을 제안하시며 운영 방향만 제시하셨다. '자발성, 지속성, 전문성!' 딱 세 단어만 주시고 구체적 방법은 선생님들과 논의하며 찾아보라고 하셨다. 그러나 선생님들의 공감을 이끌어내는 것이 쉽지 않았다.

사실 교장선생님께서 전교생 동아리활동을 제안하셨을 때 대부분의 선생님은 기존 해피스쿨이 가지고 있는 단점을 모르는 바는 아니지만 이상적인 제안일 뿐 실현 불가능하다고 생각했다. 고등학생들도 대입을 위해 동아리활동에 이름만 걸어놓고 활동은 하지 않는 게 현실인데, 중학교에서 전교생이 제대로 된 동아리활동을 할 수 있을까 모두들 반신반의했던 것 같다.

이렇게 부정적인 인식이 지배적인 상태에서 새로운 동아리 운영을 시도하려면 업무 담당자인 나부터 가능성을 믿어야 한다고 생각했다. 그래야 선생님들을 설득할 수 있으니까 말이다. 그래서 제일 먼저 한 일은 신학기 준비 기간에 2014학년도 동아리 운영 방향과 방침을 공유하는 것이었다.

① 학생들의 의견을 최대한 수렴해서 자신이 원하는 동아리활동에 참여하게 하자.
② 전 교사가 동아리를 편성하여 학생들과 함께한다.
③ 해피스쿨처럼 특정 시기만이 아니라 평소에 꾸준히 활동하게 하자.
④ 깊은 배움이 일어날 수 있도록 필요하다면 외부 전문가의 도움을 받자.
⑤ 동아리활동을 방과후학교와 연계해보자.

그다음엔 교사와 학생을 대상으로 개설 희망 동아리를 조사했다. 교사들에겐 자발성, 전문성, 지속성이라는 동아리 운영 방향을 고려하여 학생들에게 적합한 동아리를 개설하도록 권유했고, 학생들에겐 교사가 개설한 동아리를 선택하거나 마음에 드는 부서가 없을 경우 개설하고자 하는 동아리를 적어 내도록 했다. 이렇게 교사와 학생, 양측의 희망을 바탕으로 개설 동아리를 정리한 후 본격적으로 학생들에게 희망 조사를 했다.

이때부터가 인내심과의 싸움이었다. 자신이 하고 싶은 동아리활동을 할 수 있도록 하자고 방향을 정해놓았는데, 학생들의 희망 조사 결과 스포츠 동아리에 대한 관심이 압도적이었다. 그런데 전문적인 활동을 하려면 동아리별 인원 조정도 필요하고, 지도교사와 활동 장소의 한정된 상황도 고려하지 않을 수 없었다. 그래서 여러 조건을 고려해 개설 동아리를 확정한 후 그 범위 안에서 학생들의 희망을 최대한 수용하기 위해 여섯 차례에 걸쳐 희망 조사를 했다.

'1인 1동아리를 권유하되 1개 이상의 활동도 가능하다, 담임교사는 정원에 비해 희망자가 많은 동아리를 원하는 학생에게 조정 방법을 구체적으로 안내하자, 각 동아리 담당교사는 별도의 모임을 통해 동아리 부원을 확정하자, 특히 희망이 많은 스포츠 관련 동아리는 희망 학생을 체육관에 모아놓고 체육교사들이 직접 동아리활동 내용과 자격 등을 자세히 알려 조정해보자.'

이렇게 했는데도 여전히 동아리를 확정하지 못한 학생들이나 변경을 희망하는 학생들은 개별 상담을 통해 선택을 도와주었다.

학생들이 원하는 동아리활동을 할 수 있도록 수차례에 걸쳐 의견을 수렴하고 정말 정성을 다해 조정했다. 자발성에 기초한 동아리 편성이 동아리-방과후학교 성공의 열쇠가 될 거라고 생각했기 때문에 어떻게든 해보려고 노력했다.

꼬박 한 달간의 조정을 거쳐 최종 편성한 동아리는 교과 관련 8개, 문화예술 8개, 스포츠 관련 13개, 실습노작 7개, 기타 4개 등 총 40개였다. 전교생 912명 전원이 참여했고, 19명의 학생이 2개의 동아리를 희망했다. 전교생이 방과 후에 동아리활동을 하는 것이 처음이라 1인 1동아리를 원칙으로 했지만 동아리활동에 기대가 컸던 몇몇 학생들의 요구를 받아들여 2개를 허용했다.

40개 중 32개는 방과후학교와 연계했다. 해당 동아리에 대한 전문성을 갖춘 6명의 교사를 비롯해 26명의 외부강사를 섭외해 실제로 전문적인 활동이 이루어질 수 있도록 준비했다. 강사 섭외와 관리를 담당했던 인문사회부장은 서류 심사와 면접을 통해 얼마나 역량이 있고 준비된 강사인지 이것저것 고려해 강사를 선발했고, 이후에도 동아리-방과후학교 발전 방향에 대해 함께 고민을 나누었다.

동아리-방과후학교를 시도하던 그 해에 나는 체력, 시간, 민원과 끊임없이 싸웠다. 12시가 넘어 퇴근하는 날이 하루 이틀이 아니었다. 자발성, 전문성, 지속성을 갖춘 동아리 운영을 위한 실행방안을 찾는 것도 쉬운 일이 아니었다. '왜 전교생이 방과 후에 동아리활동을 해야 하나요? 동아리활동이랑 학원 시간이 겹치는데 어쩌면 좋나요? 우리 애는 희망 동아리가 안 됐는데 꼭 해야 하나요?' 빗발치는 민원을 받으며 학부모님들을 설득하고 학생들의 요구를 수용했다.

그럼에도 버틸 수 있었던 건 교과 수업만이 아니라 비교과 수업도 배움의 질을 높여보자는 생각, 대부분의 학생이 방과 후에 사교육을 받는 교육현실의 문제를 탓하기만 하지 말고 한번 부딪쳐보자는 용기가 있었기 때문이다. 그리고 '나'가 아닌 '우리'가 이 시도를 함께했기 때문에 가능했다.

동아리-방과후학교활동, 학교 축제로 열매 맺다

동아리-방과후학교활동은 학생자치활동 활성화와 시너지 효과를 일으켜 멋진 축제로 이어졌다. 2014년 학생자치부에서 가장 주력한 건 학생 스스로 기획, 실행, 평가하는 것이었다. 소위 '그들만의 리그'가 되지 않도록 늘 다음을 강조했다.

① 학급의 의견을 학년 학생회로, 학년의 의견을 보평중 학생회로 받아안을 수 있도록 노력하자.
② 학생회장·부회장·집행부만이 아니라 학생회활동을 원하는 학생 누구나 참여할 수 있도록 문을 열어두자.

축제도 이 바탕 위에서 이루어졌다. 보평중의 축제는 동아리활동의 결과물을 함께 나누는 자리였기 때문에 학생회가 중심이 되어 움직이되 동아리의 적극적인 참여를 이끌어내려 노력했다.

2학기 들어 본격적으로 축제를 준비하며 처음 한 일은 축제준비위원회를 꾸리는 일이었다. 일반 학생들에게 홍보해 학생회 임원과 희망 학생으로 준비위를 구성하고 역할을 나누었다. 전체 총괄은 학생회장이 맡고, 홍보, 전시, 공연, 체험 팀으로 나누어 각 팀의 학생 팀장과 지원 교사를 정했다.

축제의 주제를 정해 그에 맞게 결과물을 공유하는 것이 좋겠다는 의견에 따라 협의 끝에 '사계 속으로 떠나자'로 주제를 정했다. '봄은 1학년, 여름은 2학년, 가을은 3학년, 겨울은 선생님! 사계가 어우러져 아름다운 자연을 만들 듯이 1, 2, 3학년 학생과 선생님 모두가 함께 즐기는 축제를 만듭시다.' 이런 뜻을 알리고 축제 분위기를 띄우고자 적극 홍보했다.

해피스쿨에서 동아리-방과후학교로 동아리활동이 변경된 첫해라 축제 또한 '제1회 보평제'로 새로 시작하기로 했다. 학생들이 중심이 되어, 그저 즐겁기만 한 축제가 아니라 동아리활동을 비롯한 학교 교육 활동의 결과물을 펼쳐 보이며 서로 배우고 성장을 축하하는 자리를 마련해보고자 노력했다.

현재 보평중에서는 동아리회장이 학생회 집행부로 활동하고 있지만, 2014년에는 동아리-방과후 학교를 처음 시작했던 해라 학생회장이 총괄했다.

동아리활동도 학생자치활동도 학생이 주체가 되어야 한다. 두 업무를 맡아 보니 동아리와 학생자치활동 담당자가 갖춰야 할 자세가 선명하게 그려졌다.

'학생이 자기 삶의 주인이 되어야 한다. 그러기 위해서는 교사가 곁에서 안내자 역할을 잘해야 한다. 그리고 끝없이 기다려주고 격려해주어야 한다.'

모든 교육활동이 그렇지만 동아리활동과 학생자치활동은 더 그런 것 같다. 보평중 선생님들이 그런 생각과 자세로 지도하고 계시기 때문에 보평중 학생들이 매년 조금씩 조금씩 더 주체적인 학생들로 성장하고 있지 않나 싶다. 그 시작에 앞장섰음이 기쁘고, 선생님들과 함께 머리를 맞대고 끝장날 때까지 토론하며 실천할 수 있어서 행복했다. 어떤 교사로 살아야 하는가 끊임없이 고민하게 하고, 교사로서만이 아니라 성숙한 인간으로 성장할 수 있도록 나에게 많은 숙제를 주었던 2014년 학생자치활동을 함께한 학생들이 많이 그립고 또 고맙다.

동아리활동 참여를 높이는 101가지 방법

이나리 2011. 3 - 2019. 2 보평중 근무

원하는 동아리를 선택하거나 만들거나

나는 2017년부터 동아리-방과후학교 총괄업무를 담당했다. 40여 개의 동아리-방과후학교 운영 관리는 만만치 않았다. 2018년은 동아리 연합회 부장, 차장 학생의 열의와 기획력, 진심 그리고 각 동아리부장들과 동아리활동에 열심히 참여한 학생들과 담당교사들, 방과후학교 업무 도우미의 콜라보로 동아리활동을 멋지게 꽃피운 한 해였다.

보평중은 동아리-방과후학교를 시작한 2014년부터 종업식 전에 재학생들의 평가와 수요 조사를 바탕으로 신설 동아리 계획서를 받아 왔다. 동아리-방과후학교의 취지 중 하나인 자발성을 최대한 살릴 수 있도록 실현 가능하고 구체적인 운영 목표와 계획을 세운 자율동아리만 모집을 허가했다.

계획서를 꼼꼼하게 살펴보고 학생들과 여러 번의 면담을 통해 내용을 보완하며 최대한 옹골차게 운영할 수 있도록 했다. 필요한 경우에는 외부강사 모집을 권유하기도 했다. 대물림 동아리도 학년말에 재학생을 대상으로 오디션을 열어 동아리부원을 선발했고, 대물림 동아리 스스로 변화, 발전할 수 있는 방안을 찾도록 독려했다.

2017년에도 학생들의 의견을 수렴해 2018학년도 개설 동아리-방과후학교의 가닥을 잡았고, 종업식 전 재학생들의 1차 동아리 신청서를 받았다. 신입생들에게는 예비소집일에 동아리 홍보를 하고 입학 전에 신청서를 받았다. 이렇게 재학생과 신입생의 1차 동아리 신청서를 모두 수합해 2018학년도 동아리-방과후학교를 결정했다. 그리고 3월 초 2차 동아리 추가 및 변경 기간을 통해 개설 부서를 확정했다. 학생들은 각자 원하는 동아리를 선택하거나 스스로 동아리를 만들어 즐겁게 동아리활동에 참여했다.

2018학년도 개설 동아리-방과후학교 중 일부

동아리명	종류	활동 내용 (계획이므로 변동될 수 있음)	요일	시간
독서 토론반		독서 후 논제 선정, 시사 이슈와 연계하여 토론	목	14:30~16:00
학교 신문반	자율 동아리	한 학기에 한 번씩 발행하는 학교 신문 기사 작성	월	15:30~17:00
수학반	자율 동아리	교육과정에서 접하기 어려운 창의적 수학 주제 탐구, 발표	월	15:30~17:00
물리 실험반	자율 동아리	물리 이론 탐구, 관련 실험 설계 및 수행, 독서토론, 관련 문제 풀이 진행	금	15:30~17:00
요리반		집에서 간단히 할 수 있는 요리하기	월	15:30~17:00
배드민턴 선수반	대물림 동아리	기초체력 훈련 및 배드민턴 고급기술 학습, 경기 운영	토	11:00~12:40
통기타반		수준에 맞는 강습, 다양한 연주기법을 배우고 연주, 축제 때 공연	금	15:30~17:00
영자 신문반	자율 동아리	한 학기에 한 번씩 발행되는 학교 신문에 영어기사 작성, 주제에 대한 토론 진행	수	16:30~18:00
댄스반	대물림 동아리	다양한 장르의 춤을 배우고 체육대회 및 학교 축제 때 공연	목	14:30~16:00
방송반	대물림 동아리	영상 촬영 및 편집기법 학습, 아침과 점심시간에 라디오 방송 진행	목	14:30~16:00
또래 상담반		상담기법 학습 및 학생들을 대상으로 실전 상담	목	14:30~16:00

보평중은 동아리활동을 방과후학교와 연계하여 운영해서 창의적 체험활동 내 동아리활동은 연간 3시간만 편성했다. 3월 첫 시간에는 동아리 구성원들끼리 인사를 나누고 활동 방향을 공유하며 동아리부장을 선출했다. 두 번째, 세 번째 시간은 2학기 축제 전에 공연, 전시, 체험부스 운영 준비를 할 수 있는 날짜에 실시했다. 그리고 실질적인 동아리활동은 방과후학교 시간에 운영되었다.

동아리활동을 취지에 맞게 활성화하기 위해 3월 셋째 주 토요일에 동아리연합회 워크숍을 실시했다. 2015년부터 워크숍을 진행했는데, 그동안은 부원들의 참여율과 출석률을 높이기 위한 방안이 논의되었다. 벌금제 등 페널티 부여를 통해 열심히 하지 않은 학생에 대한 제재를 가하자는 의견이 많았고, 동아리부장이 발로 뛰어 학생들의 참여도를 높이자는 막연한 의견이 나오기도 했다.

2018년에는 동아리연합회 부장과 차장이 한 단계 더 나아가 각종 동아리연합회 행사 및 평가 기준을 치밀하게 기획해왔다. 그 덕분에 '베스트 동아리 콘테스트, 목표 세우기, 동아리 개근상'이란 구체적인 실행 방법에 대한 안내와 토의를 중심으로 하는 워크숍이 이루어졌다. 최대한 비슷한 성격의 동아리끼리 같은 모둠으로 구성하여 동아리부장들이 공통의 고민을 나누고 목표를 세우고 활동 내용을 계획하는 데 도움이 되도록 했다.

2018 동아리연합회 행사 기획 자체가 치밀하기도 했고, 보이지 않

는 곳에서 함께 고생한 덕분에 실제로 동아리-방과후학교활동 만족도와 출석률 모두 높아졌다. 학생들은 설마 정말 개근상을 주나 생각했다는데 전교 725명 중 180명이 1년 동아리 개근상을 받고 동아리연합회장의 센스 있는 상품 선정에 행복해하는 학생들이 많았다는 후문이었다.

학기별 목표 계획서는 동아리활동 첫 시간이 이루어진 후 일주일 이내에 수합하여 피드백을 했다. 그리고 월별 목표 실천 보고서 작성을 바탕으로 학기 목표 실천 보고서를 쓸 수 있게끔 계획해서 동아리 부장 혼자 쓰는 제출용 보고서가 아닌, 살아 있는 보고서가 될 수 있었다.

각 동아리 출석부 안에 꽂아 둔 활동지는 동아리부원들이 돌아가며 매 활동 시간마다 작성하도록 했다. 학생들은 대체로 성실하게 활동 내용을 적었고 좋았던 점이나 배운 점뿐만 아니라 부족했던 점, 아쉬운 점까지 구체적으로 작성했다. 동아리연합회 행사라는 큰 목표를 설정해 둔 덕인지 전보다 활동지 내용이 풍성해졌다.

동아리도 교사 하기 나름

동아리활동의 꽃이라 할 수 있는 가을 축제에서 동아리연합회는 체험부스 운영을 맡았다. 각 동아리의 장기를 살릴 수 있는 동아리별 체험부스뿐만 아니라 개인 단위 체험부스의 운영을 위해 전교생을 대상으로 설문 조사를 진행했다. 그리고 9월 초 동아리 및 개인별 체험부스 운영에 관한 축제 계획서를 받아 여러 번의 피드백으로 알찬 부스 운영이 되도록 최선의 노력을 기했다.

　동아리활동은 학생자치가 가장 극대화된 형태로 실현된 결과라고 생각한다. 자치는 학생 스스로에 의해서만 이루지는 것이 결코 아니라는 것을 2년간의 경험을 통해 깨달았다. 학생이 주체가 되는 것은 맞다. 그러나 곁에서 같이 고민하고 조언을 하고 뒷바라지하는 교사가 필요함을 절실하게 느꼈다. 매년 학생자치의 결과가 같을 수는 없다. 주체가 되는 학생, 곁에서 지지하는 교사의 열정과 참여도에 따라 달라진다고 생각한다.

바쁘다 바빠,
동아리연합회

김말희 2011. 3 - 2016. 2 보평중 근무

동아리연합회란 무엇인가

학생자치의 축은 두 개이다. 대의원회와 동아리연합회가 그것인데 대의원회는 학급 중심이고 동아리연합회는 동아리 중심이다. 학급과 동아리는 학생들이 생활하는 두 개의 큰 장이다. 연말부터 다음 해 동아리를 홍보하고 자율동아리 등록 신청서를 받는 동아리 업무를 시작한다. 누가 이 일을 할까? 바로 동아리연합회이다.

３월 중순이 되면 동아리가 바빠진다. 동아리 구성이 끝나고 각 동아리별 부장을 선출한다. 학생회장단은 선출된 동아리부장들을 대상으로 워크숍을 진행하는데 여기에서 동아리연합회장을 선출한다. 동아리연합회장은 학교 전체의 동아리활동이 자율적이고 주체적으로 이루어지도록 하는 핵심 역할을 한다. 동아리연합회가 하는 일은 다음과 같다.

첫째, 동아리부장단 회의를 진행한다. 이 회의에서 동아리부장들이 어려움을 나누고 해결책을 찾는다. 예를 들어 출석 관리를 하는 방법, 동아리부원과의 소통을 위한 창구를 마련하는 방법, 소외되는 부원이 없도록 동아리 내 조직을 구성하는 방법을 공유한다. 동아리부장단 회의는 동아리활동이 시작되고 한 달 후 한 번, 1학기 말 축제 계획서 안내를 위해 한 번, 2학기 초 2학기 활동을 위해 한 번, 축제 이후 축제 평가를 위해 한 번, 총 4번 열리고 필요시에 동아리연합회장이 소집할 수 있다.

둘째, 학교 축제를 준비하고 진행하는 일을 한다. 1학기 말부터 학교 축제준비위원회(이하 축준위)를 구성하여 학교 축제 준비를 한다. 축준위는 누구나 응모할 수 있으며 서류 신청과 면접 과정을 거쳐 선발된다.

부스팀, 공연팀, 홍보팀으로 구성되는데 해당 분야에 관련된 질문에 답을 하고 축제의 문제점과 해결책을 제시하는 면접을 거치면서 축준위로서 축제에 대한 비전을 갖게 된다. 홍보팀은 실기 테스트를 거쳐 철저히 실력 위주로 선발되는데 미술이나 영상 제작 분야의 실력자들이 뽑힌다.

학생회장단, 행사기획부장, 홍보부장도 축준위에 합류하여 활동하지만 중심은 동아리연합회장이다. 여름방학 전에 동아리별 축제 계획서와 예산 계획을 모두 수합하여 여름방학 때부터 팀별 활동이 시작된다. 모임은 팀별로 진행되는데 학생들 스스로 역할을 나누어 축제의 콘셉트를 정하고 홍보 포스터와 영상을 만든다. 축제 때까지 팀장 중심으로 수차례 모여서 회의를 하고 점검을 한다. 팀장은 다시 동아리연합회장을 중심으로 모여 진행 상황을 점검한다.

나는 네가 동아리에서 한 일을 알고 있다

교사는 무엇을 할까? 다 알고 있어야 한다. 일의 진행 상황도 알아야 하고 기다릴 줄도 알고 믿을 줄도 알아야 한다. 그러다 보면 학생들의 협의 능력에 감탄하기도 하고, 결과물에 놀라기도 한다.

학교 공부, 학원 숙제 등으로 어른보다 더 바쁜 학생들이 방학 중에, 방과 후에 이렇게 밀도 있는 활동을 주체적으로 하는 것은 힘이 드는 일이다. 그래서 교사의 도움이나 심리적 지지가 필요할 때가 있다. 지칠 때 격려 받고 질문이 있을 때 조언을 구할 곳이 있어야 하는데, 그것이 교사다. 또 하나 가장 중요한 교사의 역할이 있다. 학교 끝나고도 머리를 맞대고 열심히 하는 학생들에게 간식 제공하기!

우리가 할 일은
우리가 정한다

박희원 2018학년도 동아리연합회 부장

학생자치는 행동이다

나는 보평중학교에 다닌 3년 동안 정말 많은 것을 배우고 발전할 수 있었다. 당시에는 잘 느끼지 못했지만 지금 돌이켜보면 보평중은 우리를 격려하고 자신감을 키워주는 자유로운 학교였다. 그중에서도 가장 많은 것을 가르쳐준 것은 자치부 활동이었다. 자발적으로 한 학년 동안 프로젝트를 기획하고 실행하는 활동만큼 문제해결력과 책임감,

창의력, 사고력, 협동심 등을 모두 기를 수 있는 일이 또 있을까? 이 점이 학생자치가 꼭 필요한 이유 중 하나라고 생각한다.

하지만 700명이 넘는 학생들 중 자치에 실질적으로 참여하고 있는 사람은 자치부, 학급 회장, 부회장, 축제준비위원회와 같은 각종 위원회 위원 등으로 소수이다. 이러한 지위가 없다면 자치에 참여할 기회가 학급회의 정도밖에 없다. 그래서 학생들은 자신이 직접 학교생활을 개선할 수 있다는 생각을 하지 못한다. 소수만 자치에 참여하기 때문에 학교 교복 규정이나 체육대회, 축제에 대해 선생님들께서 '학생들이 정한 것이다', '학생들이 참여한 것이다'라고 말씀하시면 대부분 어리둥절한 표정을 짓는다.

내가 생각하는 학생자치는 단순히 학교에 불편한 것을 개선해달라고 건의하거나(급식을 더 맛있게 해주세요, 사복을 허용해주세요 등등), 축제와 문화체험 활동 등의 세부 내용을 정하는 데 참여하는 수준이 아니다. 즉, 회의에 의견을 내는 것만이 아니라 직접 행동으로 문제를 해결하는 것을 말한다. 내가 동아리연합회 부장으로 활동하면서 했던 것처럼 말이다.

학생들이 자치가 이루어지고 있다는 것을 실감하고 스스로 성장하게 되었다는 것을 느낄 정도가 되려면 단순히 회의에 참여하는 것만으로는 부족하다. 내가 직접 행동으로 실천했을 때 내가 자치에 참여하고 있다고 실감할 수 있다. 동아리가 그런 기회를 줄 수 있다.

동아리에서는 작지만 학생들끼리 무언가 새롭게 해볼 수 있다. 만약 주변의 격려와 지원이 있다면 동아리활동이 그저 동아리 시간에 끝나지 않고 학교 수업 시간, 쉬는 시간까지 이어지면서 동아리마다 여러 캠페인 등을 진행해볼 수도 있다. 그런 일에 참여한다면 자치부에서 활동하는 것만큼이나 많은 것을 배울 수 있을 것이다.

올해의 목표는 유명해지기

사실 동아리연합회 부장인 나와 차장도 동아리연합회에서 정확히 무슨 일을 하는지, 그리고 무슨 일을 해야 하는지 잘 알지 못했다. 그만큼 동아리연합회는 인지도도 적었고 우리에게 미지의 영역처럼 느껴졌다. 그런 상황이었기 때문에 오히려 더 자유롭게 우리가 해보고 싶은 것을 할 수 있었던 것이 아닐까 싶다.

우리는 우리가 할 일을 스스로 만들어냈다. 다른 부서들은 그간의 전통에 따라 일 년 계획을 세웠으나 우리는 우리가 새롭게 만들어낸 프로젝트들로 일 년을 채웠다. 그때 우리가 적었던 목표는 '유명해지기'였다. 잘 알려지지 않은 동아리연합회에서 뭐가 되었든 한번 열심히 일해서 동아리연합회를 학생들에게 알리겠다는 것이었다. 어떻게 보면 유치하지만 열심히 하겠다는, 뭔가 바꿔보겠다는 우리의 포부였다.

우리가 기획한 프로젝트는 크게 세 가지였다. 베스트 동아리 콘테스트, 목표 세우기, 동아리 개근상은 모두 학생들이 동아리에 더 관심을 갖고 열심히 참여해주길 바라면서 기획했다. 목표를 가지고 활동할 때 더 열심히 하게 된다는 생각에서 동아리마다 목표를 세우고 실천하도록 하는 프로젝트인 '목표 세우기'가 탄생하였다. 우리가 다음으로 중요하게 생각한 것은 동아리에 학생들이 성실하게 임하는 것이었다. 그래서 성실한 동아리를 뽑아 포상하자는 아이디어를 냈고 출석률 등을 고려해 평가 척도를 만들어 베스트 동아리를 뽑아 시상도 했다. 또 학생들이 포기하지 않고 끝까지 함께 활동하기를 바라서 자신의 동아리가 잘 운영되지 않아도 개인이 노력하면 받을 수 있는 개근상도 만들었다.

동아리연합회로 활동하면서 주변에서 긍정적인 평가를 많이 받았고 덕분에 더 열심히 할 수 있었다. 이전에 해오던 것을 그대로 따르지 않고 새로운 것을 만들면서 개인적으로도 성장했던 것 같다.

학생자치가 필요한 가장 큰 이유가 바로 이것이다. 학생의 입장에서 느낀 불편한 점과 고치고 싶은 점을 직접 바꾸는 것. 그런 행동이 모여 학교를 바꾸고 학생들 스스로를 바꾸어 미래에 긍정적인 영향을 줄 수 있는 것이라 생각한다. 가능하다면 더 많은 학생들이 동아리에서 자치를 배울 수 있었으면 좋겠다.

2장

학부모, 교직원의 주도로
책임지는 학교자치

학부모도
자치한다

최영희 2016학년도 학부모회 대표

학부모회를 통해 깨달은 봉사의 의미

나는 하기 싫고 누군가는 해줬으면 하는 것이 학부모회 일이다. 아이가 초등학교에 입학하면서 학부모회에 발을 들여놓았는데 어느덧 중학교까지 함께하고 있다. 처음 학부모회 일을 하게 된 계기는 초등학교에 입학하는 아이 때문이었다. 또래보다 작고 여린 아이에게 혹시 도움이 될까 싶은 불순한 마음으로 학부모회를 시작했다. 그런데 아이를 지켜보면서 즐거움과 배움이 있는 학교가 궁금해졌고, 학부모도 함께하면 더욱 좋겠다는 생각이 점점 커져 지금에 이르렀다. 학부모회를 하는 동안 참된 학교 봉사의 의미를 알고, 함께하는 좋은 분들을 만난 건 나에게 큰 행운이었다.

학교는 학부모의 봉사를 필요로 한다. 그래서 새 학년이 되면 총회를 개최하고 학부모 봉사자를 모집한다. 하지만 자발적 참여자가 몇 안 되기 때문에 소수의 학부모들이 반대표, 급식, 학부모 폴리스, 시험감독 등의 학교 봉사를 반강제로 나누어 하게 된다. 하지만 일 년 동안 열심히 해도 좋은 소리는 듣지 못하니 몸도 마음도 지쳐 학교 근처에는 얼씬도 안 하겠다는 학부모가 해마다 늘어나는 게 현실이다. 학교 봉사를 피하기 위해 아예 총회를 참석 안 하는 분들도 있다. 이를 해결할 방법이 없을까 고민하다 나온 아이디어가 '학부모 1인 1봉사'였다.

학부모 1인 1봉사란?

2016년 학부모 자치회의 가장 큰 변화는 모든 학부모의 1인 1봉사라고 말할 수 있다. 학기초에 학부모회가 꾸려지고 모든 학부모들이 학교활동에 한 번은 꼭 참여할 수 있도록 하자고 학교에 건의하였다. 학교 운영위원회에서도 무리 없이 통과되었고, 여기에 학부모들의 민원을 원활하게 해결해주신 교장선생님의 적극적인 지원도 큰 힘이 되었다.

교장선생님은 학부모 자치회 운영에 관해 학교에서는 어떠한 것도 간섭하지 않겠다며 학부모들이 하고 싶은 대로 하면 된다고 하셨다. 대신 학부모 자치회에서 필요로 하는 부분은 적극적으로 협조하시 겠다고 하셨다(참 친절한 말이지만 알아서 잘하라는 무서운 말이기도 하다). 교장실은 언제나 열려 있었고, 학부모 자치회 담당선생님은 물심양면 으로 지원해주셨다.

보평중학교에서는 모든 학부모들이 봉사활동 신청을 한다. 그리고 신청한 날에 어머님이 못 나오시면 아버님이 또는 할아버지나 할머니, 이모, 대학생 형이 그날의 책임을 다하기 위해 애쓴다. 다 같이 하는 학부모 1인 1봉사는 소수에게만 집중되었던 짐을 덜어주는 와 동시에 학부모 자치회의 열정을 일으키는 힘이 되었다. 티도 안 나고 정신적, 육체적으로 힘든 이런 일들이 가능했던 것은 아이들을 함께 잘 키우 고 싶은 부모의 마음 덕분이었다.

보평중학교 학부모들이 함께하는 자치활동에는 크게 학부모회장, 부회장, 총무, 감사로 이루어진 임원과 학년대표, 학부모 봉사단, 학부 모 아카데미단, 학부모 폴리스단, 급식단 활동이 있다. 그 각각의 역할 에 대해 소개하겠다.

학부모 봉사활동

2014년, 당시 봉사단장님이었던 3학년 학부모의 제안으로 '경기교육 자원봉사단체협의회'라는 곳에 방문한 후 봉사활동에 대한 마음가짐

2016년 보평중학교 학부모 봉사활동 내용

	대상	봉사내용	비고
1	1학년 학생	• 자광원(1, 2학기-8회), • 실버릿지 판교(2학기-4회)	정기 봉사활동 학부모 봉사자 인솔
	2학년 학생	• 무지개동산 예가원(1, 2학기-8회)	
	3학년 학생	• 실버릿지 판교(1학기-4회)	
2	학부모	• 예가원 일일밥집 운영	총 54장 티켓 판매
3	학생/학부모	• 서울 꽃동네 사랑의 밥차(년 2회)	총 43명 참가
4	학생/학부모	• 음성 꽃동네 품바 축제	총 45명 참가
5	학생/학부모	• 사랑실천 골든벨& 드림콘서트	학생 54명, 학부모 13명 참가
6	학생/학부모	• 자원봉사자 축제	총 83명 참가
7	학생/학부모	• 수원 남문 급식 봉사	

이 바뀌었다. 봉사는 특별한 게 아니라 일상적으로 해야 하는 일이라는 것을 깨달았다. 이를 계기로 학교 봉사단을 맡게 되었다.

보평중학교 봉사 현장에는 항상 학부모 봉사단과 학부모회 임원들 그리고 학생들이 있었다. 때로는 학교 선생님들도 함께했다. 우리는 장애우 시설에 방문하여 다양한 활동을 하고, 노숙자들을 찾아가 밥차 봉사를 하고, 아픈 어르신들이 계신 시설을 찾아 청소도 하고 말벗이 되어드렸다. 연탄을 나르고 헌 옷을 모으고, 어려운 이웃을 위한 기금 마련을 위한 행사에도 참여하였다. 봉사활동을 하면서 함께할 봉사자를 모집하고, 홍보하고 진행하는 일 어느 것 하나 쉽지 않았다. 하지만 학부모들 스스로 기획하고 진행한다는 것만으로 보람된 시간이었다. 처음엔 어색해하고 귀찮아하던 학생들도 어느덧 당연하게 참여하여 제 역할을 하는 긍정적 변화도 생겼다.

하지만 학생들 중 정해진 봉사활동 60시간을 채우고 나면 더 이상 봉사활동을 하고 싶어 하지 않는 경우도 종종 눈에 띄었다. 봉사가 중요하다고 강조하면서도 정작 학교에서조차 교육이 이루어지지 않는 것 같아 안타까웠다. 의무적인 봉사보다는 지속적인 교육과 홍보로 아이들이 봉사를 왜 해야 하는지, 봉사를 할 수 있음이 얼마나 감사한 일인지, 봉사의 의미와 가치를 알고 활동하면 봉사의 진짜 의미에 조금 더 다가갈 수 있지 않을까 생각해본다.

학부모 아카데미단 활동

교육에 있어서 학부모 역시 중요한 역할을 담당한다. 보평중학교 학부모 아카데미단은 학부모교육의 중요성을 인식해서 만들어진 것으로, 학부모에게 좋은 교육을 제공하고 적극적인 참여를 이끌어내고자 애썼다. 학부모 아카데미단은 학부모가 즐겁고 내 아이뿐만 아니라 모든 아이들에게 도움이 될 수 있는 가치에 집중하였다. 학부모의 의견을 바탕으로 취미 특강은 축소하고 학부모 동아리와 학부모를 위한 강좌를 통합하여 기획했다.

첫 번째 활동은 '학부모 진로코칭 프로그램'이었다. 이 프로그램은 학교에서 기획해 진행하는 진로 프로그램인데 학부모회에서는 다양한 직업군의 학부모들이 참여할 수 있도록 홍보했다. 학부모들이 직업과 관련된 강의를 직접 준비하여 학생들이 직업의 세계를 실질적으로 경험하고 자신들의 미래에 대한 생각과 고민을 할 수 있도록 한 귀한 선물과도 같은 시간이었다.

두 번째 활동은 자격증 과정으로 애니어그램과 학습코칭, 독서코칭 등 1년 장기 프로그램이었다. 사춘기의 중학생을 둔 학부모들이 가장 필요로 하는 부분이 무엇일까 하는 고민과 강의식의 단발성 교육은 크게 의미가 없다는 학부모들의 의견을 참고해 계획하고 진행하였다. 이 교육은 학부모들의 전폭적인 지지를 받으며 매 과정마다 보람 있는 성과를 내었다. 참여했던 많은 분들이 덕분에 아이들과 소통하는 방법을 배우고, 학습과 진로 선택에 큰 도움을 받았다고 말해주셨다.

뒤이어 진행한 학습코칭 2급과 1급 과정은 학부모들의 자신감 상승과 함께 숨은 재능을 발휘하는 계기가 됐다. 이를 발판으로 여러 개의 학부모 독서 동아리가 생겨났고 지금까지도 활발히 활동 중이다.

학부모 폴리스단

학부모 폴리스단은 학생들의 학교생활 안전을 책임을 지고자 노력하는 안전 도우미다. 매일 쉬는 시간과 점심시간 교내 복도와 운동장을 순찰하고 교문을 지키며, 체육대회나 동아리 축제 등의 학교 행사가 있을 때는 행여나 있을 안전사고에 대한 예방과 경계를 철저히 하였다.

매 쉬는 시간 10분과 점심시간 1시간을 합해봐야 고작 2시간 남짓이지만 그 2시간을 위해 아침부터 학교가 끝나기 전까지 거의 하루를 투자해야 하는 힘든 활동이다. 이런 힘든 활동을 그전에는 한 학부모가 1년에 4~5회 활동해야 했으니 얼마나 부담이 컸겠는가. 학부모 1인 1봉사로 더 많은 분들이 학부모 폴리스단에 참여하게 되면서 긍정적인 변화와 효과를 가장 많이 느낄 수 있었던 활동이었다.

학부모 폴리스단 활동으로 학생들의 위협적이고 위험한 놀이는 제재의 대상이지만 조금 과해도 서로 즐거워하는 놀이는 아이들이 노는 하나의 형태라는 것을 알게 되었다. 또 행여 아이 몸에서 작은 멍이라도 발견하면 심장이 덜컹 내려앉으며 아이가 아무 일 아니라고 놀다 생긴 멍이라 말해도 못 믿고 상대 아이를 의심의 눈으로 보던 일도 괜한 우려였음을 알게 되었다.

우리 아이들의 행동을 우려의 시선에서 긍정적 시선으로 바꾸는 계기가 되었고, 아이가 안전하고 즐거운 학교생활을 하고 있구나 안심하고 학교에 보낼 수 있게 되었다. 또한 봉사 참여로 학부모들과 인연을 맺게 되니 아이들의 다툼을 대하는 방식도 달라졌다. 아는 엄마의 아이라는 것과 모르는 엄마의 아이라는 것에 따라 대응의 차이는 컸고, 관대한 마음은 문제해결의 열쇠가 되기도 했다.

급식 검수와 모니터링은 기본으로 이뤄지는 봉사이다. 여기에 한 달에 한 번 있는 세계음식의 날에 영양사 선생님과 함께 식단을 논의하고 그날 급식 도우미 역할을 한다. 기억에 남는 세계음식의 날은 네팔 음식의 날이었다. 그 당시 네팔에 큰 지진이 나서 세계 각지에서 구호의 손길을 보낼 때였다. 학부모회에서는 네팔 음식의 날을 기획하고 봉사동아리 학생들과 연계하여 지진 피해 후원금 모금 운동을 해서 비록 적은 금액이었지만 학생들과 함께 전달하는 의미 있는 활동을 했다.

봉사에 참여해보니 학생들의 학교생활을 보고 집에 가서 아이들과 대화를 할 때 아이를 더 잘 이해를 할 수 있어 좋았다며 몸은 힘들지만 보람 있었다는 긍정적 평을 해주시는 학부모님들이 늘어났다. 다 함께 아이를 키우는 보평중학교에서는 학부모가 학교에 가고 봉사를 하는 것이 특별한 일이 아니게 된 것이다.

학부모들이 학교 봉사 참여를 부담스러워하는 이유는 처음 보는 학부모와 하루 종일 시간을 보낸다는 것이 불편해서다. 학교 2층에 자리한 학부모 상주실은 항상 열려 있으니 부담 없이 들어와 차 한잔하면서 인연을 만들면 좋겠다. 우리는 자녀의 학년이 다르고 반이 달라도 같은 마음을 가진 부모가 아닌가.

교사들이
토론을 하면

한수현 2009. 9 - 2017. 2 보평중 근무

신설학교에 혁신학교라고?

2009년 9월 1일, 보평중학교로 발령을 받았다. 모든 것을 새로 만들어야 하는 신설학교인 것도 기가 막혔는데 혁신학교란다!

'혁신학교가 뭐지? 또 다른 연구학교인가?'

지금은 혁신학교가 경기도에 801교(2020년 3월 1일 기준)나 되지만, 당시에는 하나도 없던 상황이라 혁신학교에 대한 막막함은 컸다. 혁신

학교가 진보 교육감의 공약으로 시작되었지만 기존의 연구학교와 별반 다르지 않을 것이라는 거부감도 있었다.

아니나 다를까. 신설학교의 행정업무는 상상을 초월했고, 14명으로 시작된 우리 반 아이들이 두 달 만에 30명이 될 정도로 전입생은 끊임없이 들어왔다. 게다가 전입생의 상당수는 이전 학교에서 어려움을 겪던 아이들이었다. 학생 정원이 차지 않은 신설학교라 전학이 쉬웠고, 혁신학교를 대안학교의 하나라고 생각하는 경우가 많았기 때문이다. 덕분에 위장 전입도 많아서 그 바쁜 시기에 가정 방문까지 다녀야 했다. 전학을 오는 아이들을 환대하기보다는 의심의 눈초리로 쳐다봐야 하는 현실이 정말 원망스러웠다.

계속되는 아이들 사이의 다툼과 신설학교의 엄청난 업무에 지쳐가던 11월 말, 교장선생님이 2010년 교육과정 수립을 위한 워크숍을 가자고 제안하셨다.

'이렇게 바쁘고 힘든데 웬 워크숍? 차라리 하루 쉬게 해주지……'

그동안 내가 경험한 학교의 워크숍은 먹고 놀면서 친목을 다지는 시간이었다. 교육과정 수립은 핑계고 하루 놀다 오려고 한다는 생각에 거부감이 먼저 들었다. 그러나 워크숍을 갔던 그날은 내 교직의 터닝포인트가 되었다.

진짜 밤을 새우면서 전체 교직원이 함께 2010년 계획을 세운 것이다. 교육과정에 담아야 할 내용을 이야기하고, 서로 역할을 나누었다. 그 속에서 나온 어떤 이야기도 비난받지 않고 수용되었다. 그리고 그날 나눈 이야기가 실제 2010년 교육과정이 되는 걸 보면서 나는 비로소 교육의 주체가 되었음을 느꼈다. 더불어 무거운 책임감도 가지게 되었다.

2009년 겨울방학 동안 두문불출하며 2010년 자율활동과 동아리 활동 계획을 세웠다. 당시에는 창의적 체험활동이 아직 실시되지 않았고, 자율활동은 수업시수가 적은 교사가 형식적으로 맡는 경우가 많았다. 그러다 보니 교육적 효과도 크지 않았다. 이런 자율활동을 학년별로 주제를 정해 담임교사 주관으로 체계적으로 해보자고 교장선생님이 제안하셨다.

그동안 내가 경험했던 학교에서는 교장선생님이 제안을 하는 일은 없었다. 그냥 명령을 했을 뿐이다. 그러나 보평중학교에서는 달랐다. 교장선생님은 교사들과 치열하게 토론을 해서 자신의 제안을 관철시키기 위해 노력하셨다. 제안이 거부되면 깨끗하게 포기하셨다. 물론 옳다고 생각하는 일은 지속적인 설득으로 교사들의 승낙을 결국 얻어내는 집요함도 보여주셨다. 교사들도 교장선생님의 제안을 그냥 받아들이지 않고 치열하게 토론했다.

"다른 학교는 자율활동을 이용해 균등하게 수업시수를 나누는데, 왜 우리만 다르게 해야 하나요? 안 그래도 담임 업무 자체가 많은 상황에서 자율활동까지 담임의 몫이 된다는 것은 형평성에 어긋납니다.

한 학년 전체가 활동을 할 장소와 강사를 어떻게 구할 건가요?"

"담임의 일이 늘어나겠지만 교육적 효과가 클 것입니다. 제대로 된 자율활동이 이루어지면 교사의 자존감도 커질 거고요. 무엇보다 아이들을 먼저 생각해야 합니다."

우리가 내린 결론은? 담임 업무가 늘어나도 아이들을 위한 방향이 맞기에 학년별로 자율활동을 실시하기로 했다. 치열한 토론 끝에 함께 내린 결정이었고, 활동의 취지를 명확히 공유했기에 이후에도 담임들은 업무의 가중에도 불구하고 자율활동에 대한 불만을 제기하지 않았다.

교사가 책무성보다는 자기 편의성으로 학교의 교육활동을 결정한다는 비난을 듣곤 한다. 그러나 교사들에게 민주적인 토론의 장을 열어준다면 교사들은 결국 교육적 결정을 내리고, 결정에 대한 책임을 진다. 보평중학교의 학년별 자율활동 결정 과정을 통해 내가 얻은 교훈이다.

학교 밖으로 눈을 돌리다

자율활동의 주제는 당시 신도시 한복판에 있는 학교의 위치와 과학 특성화 학교라는 특성을 반영해서 1학년 농사학교, 2학년 생태학교, 3학년 과학학교로 정했다. 도시에서 자란 아이들에게 자연과 공존하는 삶을 알려주고 싶다는 소망이 농사학교와 생태학교가 되고, 과학 특성화 학교의 장점을 살려보자는 취지가 과학학교가 된 것이다.

자율활동을 운영하려 하니 자연스럽게 학교 밖으로 눈을 돌리게 되었다. 학교 안에는 농사를 지을 땅도 없고, 교사들도 농사를 지어본 경험이 없었다. 생태교육 역시 교사들에게는 낯설었다. 몇 명의 과학교사가 3학년 전체 학생을 대상으로 과학학교를 열 수도 없었다. 그러다 보니 아이들이 농사, 생태, 과학을 이론이 아닌 실제로 경험해볼 수 있는 장소와 아이들을 지도해줄 전문가를 찾아야 했다.

내가 할 일은 학생들의 활동 장소와 이를 지원할 전문가를 섭외하는 것이었다. 교육과정을 만드는 일은 한 번도 해본 적이 없고, 학교 안의 교사로만 살아왔던 내게 엄청난 도전이었다. 인터넷을 검색하고 수백 통의 전화를 걸었다. 모든 인맥을 동원해 연락을 취했다.

그런데 학교 문을 나서니 의외로 학교를 지원해줄 수 있는 많은 전문가들이 있었다. 경기농림진흥재단, 질울고래실마을, 분당환경시민의모임, 맹산반딧불이자연학교, 판교청소년수련관, 과천과학관, 서울과학관 등과 MOU를 체결해 도움을 얻었다. 교육 생태계가 자연스럽게 마을로 확장된 것이다. 방학 내내 활동 장소와 강사를 섭외하는 것이 쉽지 않았지만, 우리가 만든 교육과정이 실현된다는 설렘과 기쁨은 컸다.

동아리활동은 당시 아이가 다니고 있던 남한산 초등학교의 계절학교를 벤치마킹했다. 남한산 초등학교 계절학교의 주기 집중수업*을 보평중학교 여건에 맞춰 동아리활동에 적용했다. 남한산 초등학교처럼 주당 1회의 동아리활동을 학기말에 집중적으로 운영하면 학기말 수업 결손을 줄일 수 있고, 활동이 집중적으로 이루어지기 때문에 학생의 몰입도도 클 것이라고 생각했다.

동아리는 도예·목공·요리 등 손으로 하는 활동과 난타·연극·밴드 등 몸으로 하는 활동을 학생의 희망에 따라 편성하였다. 학기말 3일 동안 24시간이나 이어지는 집중적인 수업이기에 인지적인 학습보다는 몸과 손으로 체험하는 활동이 주가 되어야 한다고 생각했기 때문이다.

최대한 아이들이 원하는 반을 많이 개설하고, 활동이 원활하게 이루어지기 위해 동아리 당 인원은 30명을 넘지 않도록 했다. 무학년제로 운영해 자연스럽게 대물림 동아리로 이어지도록 지원했다. 그러다 보니 동아리 수가 교사 수보다 많아지는 문제가 생겼다. 해결방법을 제시한 것은 교장, 교감선생님이었다. 자발적으로 동아리를 맡아주신 것이다. 진심으로 교장, 교감선생님이 고마웠다. 아이들과 교장, 교감선생님이 한층 친밀해지는 계기도 되었다.

---

* 동일한 과목을 일정기간 동안 집중적으로 공부하는 것

동아리활동이 마무리되는 학년말에는 모든 아이들이 자신의 작품을 전시하거나, 직접 무대 위에 올라와 공연을 했다. 이는 자연스럽게 학교 축제가 되었고, 전교생이 주인공이 되어 한 해를 마무리하는 시간이 되었다. 이것이 '해피스쿨'이라고 이름 붙인 보평중학교의 동아리 활동이다.

보평중학교에 오기 전에 나는 내가 맡은 수업과 내가 맡은 학급이 가장 중요한 교사였다. 내가 담당하는 수업과 학급을 넘어서는 고민은 내 몫이 아니라고 생각했다. 그런데 보평중학교에서는 내 의견이 교육과정이 되었다. 내가 한 발언이었기에 책임을 져야 했다. 그 속에서 나를 포함한 모든 교사는 교육의 주체가 되었다.

교육의 3주체는 학생, 학부모, 교사이고, 가장 중요한 주체는 분명 학생이다. 그러나 학생이 주체가 되는 교육환경의 바탕을 만들어줄 수 있는 주체는 교사일 것이다. 보평중학교 교사들은 늘 농담처럼 말한다.

"우리 학교에는 교장이 43명 있어요!"

스몰스쿨제가
뭐예요?

정미희 2013. 3 - 2017. 2 보평중 근무

서로가 다르게 또 함께 하는 스몰스쿨

나는 교직경력 20년이 될 즈음 보평중에 초빙교사로 발령받았다. 보평중에서 꼭 한번 근무해보고 싶어 스스로 한 선택이었음에도 불구하고 첫해는 힘들었다. 그전까지만 해도 나는 아이들을 잘 돌보는 담임이고 수업을 열심히 하는 교사라고 자부했었다. 하지만 보평중에서 아이들과 처음 소통하는 3월 오리엔테이션 첫날부터 정신을 차릴 수가 없었다. 특히 나보다 한참 경력이 낮은 같은 학년 교사들이 아이들과 소통하며 민주적으로 학급을 운영하는 모습을 보면서 많이 부끄러웠다.

경력 20년 차라는 자부심은 내던지고 신규 교사처럼 묻고 또 물었다. 많이 귀찮았을 텐데 싫은 내색 없이 친절하게 안내해주는 동 학년 교사들에게 의지하며 보평중의 혁신적인 문화에 적응해갔다.

돌이켜보면 나의 빠른 적응은 보평중에서 시행하고 있는 학년 스몰스쿨 덕분이었다. 보평중에서는 학년 초에 학년별로 교육공동체를 구성하여 학년부장을 중심으로 학년 교육과정, 학생생활, 전문적학습공동체, 교육과정 평가를 독립적으로 운영하는 학년 스몰스쿨을 시행하고 있다. 이를 효과적으로 운영하기 위해 학년별 교무실을 두고 동 학년 담임교사들이 한 공간에서 상시로 적극적인 의사소통을 통한 업무 협의를 할 수 있도록 하였다. 학년 교무실은 업무처리에도 용이하지만 동료교사들을 통한 격려와 위안의 장이 되어주었다.

스몰스쿨제 덕분에 무사히 보평중에 적응하는 첫해를 보내고, 부임 이듬해인 2014년부터 2년간 3학년 부장을 맡았다. 학년부장이라는 부담스러운 보직을 맡아 학년 스몰스쿨을 이끌어 나가려니 담임을 할 때보다 모르는 게 더 많고, 전년도에 진행된 3학년의 특색 있는 프로그램들을 잘 이어갈 수 있을지도 걱정됐다. 아마 전임부장과 동 학년 담임교사들의 도움이 없었다면 진행조차 못했을 것이다.

보평중학교는 삶과 결합된 교육, 인간과 자연이 조화롭게 공존하는 세상을 위한 교육, 탐구의 즐거움을 느끼며 미래의 삶을 개척할 수 있는 교육을 지향한다. 이를 위해 학생의 삶과 인격을 변화시키는 것을 목표로 학년별 특성화 프로그램을 계획하여 1학년 생태학교, 2학년 예술학교, 3학년 성장학교를 운영하고 있다.

3학년 성장학교는 2012년부터 시작한 프로그램으로 2013년에 확대·정착되었다. 8개 학급이 8개 프로그램을 모두 체험할 수 있도록 오후 시간을 이용하여 연간 8회를 실시했다. 학생 만족도는 높았지만 거의 매달 실시되는 체험학습은 담임교사들에게 업무 과중으로 다가왔다. 이런 2013년의 평가 결과를 바탕으로 다양한 체험활동을 많이 하는 것도 중요하지만 체험의 질을 높이고 교사들의 업무를 경감하는 것도 필요하다고 판단하여 2014년부터는 종일 프로그램으로 운영하되 2개 반씩 묶어 오전·오후로 나누어 체험하면서 학기당 1회씩 실시하였다.

학생들이 바람직한 사회인으로 성장하고 삶을 주체적으로 살 수 있도록 인문학적 소양을 기르고 자기성찰을 할 수 있는 기회를 제공하는 것이 성장학교의 목적이었기에, 진로특강 ·진로토론·직업체험으로 프로그램을 구성했고, 소집단에서의 대화와 소통을 통한 자기주도적 활동을 유도했다. 또한 판교청소년수련관과 연계하여 판교25통 주변 상가, 판교역 주변의 회사 등 지역사회 기반을 적극 활용했다. 프로그

2016년 3학년 성장학교 프로그램

구분	내용	장소	차시	주관
진로특강	▸바람직한 진로 설정과 꿈에 대한 긍정적인 메시지 전달 - 두 명의 강사를 초청, 두 개 강좌로 구성해 90분씩 번갈아가며 청강 - 5월 주제: 나의 길을 찾아서, 공부와 꿈 두 가지 모두를 잡아라. - 10월 주제: 이제는 자기 비전의 신이 되어라, 공부와 꿈 두 가지 모두를 잡아라.	시청각실	3	학교
진로토론	▸주체성을 갖고 사는 삶, 꿈을 갖고 사는 삶에 대한 토론 - EBS 다큐프라임 〈나는 꿈꾸고 싶다〉 시청 후 활동지 작성 - 진로에 대한 브레인스토밍 및 모둠토의, 전체 공유 - 5월 오전·오후, 10월 오전·오후에 2반씩 번갈아 운영 - 사전 워크숍 진행 후 담임교사가 운영	교실	3	학교
학교 안 직업체험	▸학교에서 직업인의 삶 이해 및 체험 - 꿈을 이룬 마술가, 불치병을 이겨낸 격투기 선수 초청 - 직업의 세계와 삶에 대해 소통, 자신의 진로 탐색 - 간단한 체험활동을 통해 실제적인 업종 파악 시도 - 5월 오전·오후, 10월 오전·오후에 2반씩 번갈아 운영 - 학생들에게 희망 조사를 해 90분씩 두 명의 직업인을 만남	교실 및 다목적실	3	학교
학교 밖 직업체험	▸현장에서 직업인의 삶 이해 및 체험 - 판교청소년수련관 주변의 판교25통 직업인과의 대화 및 체험 - 직업의 세계와 삶에 대해 소통, 자신의 진로 탐색 - 간단한 체험활동을 통해 실제적인 업종 파악 시도 - 5월 오전·오후, 10월 오전·오후에 2반씩 번갈아 운영 - 자영업자를 대상으로 5~7개 강좌를 구성해 한 강좌당 학생 10~15명 정도 배정 - 체험 2주 전 담당자와 연락해 방문 장소 확정, 방문 장소별 희망 학생 명단 작성 - 수련관 측 담당자와 담임교사 2명, 부담임교사 2명이 순회하며 지도	판교 청소년 수련관 주변 상가	3	판교 청소년 수련관

램의 큰 줄기는 교사들의 협의를 통해 정했지만 세부내용과 일정은 학부모회와 학급자치회의를 통해 정했다.

직업인을 초청하여 특정 직업에 대한 이해를 돕는 진로활동과 달리 성장학교의 직업체험은 직업인들의 직업의식과 직업인으로서의 삶을 이해할 수 있는 기회를 제공하고자 했다. 이를 통해 학생들이 자신을 돌아보며 직업과 진로에 대해 탐색하길 기대했다. 또한 진로토론을 통해 또래 친구들은 진로에 대한 어떤 고민을 하고 있는지, 자신의 삶의 주인이 되려면 어떤 고민을 해야 하는지를 생각해보는 기회를 제공해주고 싶었다.

프로그램에 대한 평가 결과는 학부모와 학생이 조금 달랐다. 우선 학생들은 직업체험과 진로토론에 대한 만족도가 높았고, 진로특강은 재미있었지만 강사들의 자기 직업에 대한 자부심이 지나쳐서 거북했다는 의견이 있었다. 반면 학부모들은 직업인을 섭외할 때 학부모들이 선호하는 직업군으로 섭외해달라는 의견과 진학과 관련된 특강이나 활동을 추가해달라는 의견이 있었다. 그래서 2016년부터는 기존의 틀을 유지하되 판교25통 주변 상가의 예술인들보다는 판교테크노밸리의 직업인들을 섭외하여 직업체험을 진행했고, 진학과 관련된 활동을 추가하였다. 이처럼 보평중의 학년별 특성화 프로그램은 교사, 학생, 학부모가 함께 소통하면서 목적에 맞게 탄력적으로 운영하려고 노력했다.

하나로 뭉친
1학년
선생님들

안주연 2012. 3 - 2017. 2 보평중 근무

스몰스쿨제, 수업과 생활교육을 책임지다

2014년 한 해 학생자치부장을 하고 2015년에 다시 1학년 부장을 하게 됐다. 동아리-방과후학교 운영에 지쳐 힘들 때 늘 응원의 메시지를 보내던 선생님들 몇몇에게 2015년에 1학년으로 뭉쳐보자는 제안을 받고 즐거운 마음으로 오케이를 했다. 마음이 맞는 사람들과 함께하면 더 많은 것을 할 수 있을 것 같아 설레었다.

학년부장을 다시 맡으면서 다짐했던 것은 '내가 먼저 섬기는 리더가 되어 부장과 담임교사 모두가 1학년을 이끄는 집단리더로 성장할 수 있도록 노력하자'였다. 담임교사마다 교육철학이 다르고 교직경력도, 학급운영 경험도 다 다르므로 각 담임교사의 방식을 존중하되, 학생들을 어떻게 지도할지 학년 운영 목적과 방침에 대한 합의가 필요하다고 생각했다. 그래서 1학년의 특성을 고려해 1학기는 존중의 관계 형성, 2학기는 성가치관 형성을 학년 중점 지도사항으로 함께 정하고 교과 교육과정 재구성 시 이런 내용들이 반영될 수 있도록 했다.

도덕과에서는 친구와의 바람직한 관계에 대해 토의하고 국어과에서는 비폭력 대화를 수업과 수행평가로 실시했다. 수업에서 배운 것을 생활로도 이어갈 수 있도록 학생 간에 다툼이 생기면 수업 시간에 배운 비폭력 대화를 해보도록 했다. 비폭력 대화가 낯간지럽다는 반응도 있었지만 갈등을 해소하고 평화롭게 지내는 데 조금은 도움이 된 것 같다. 반복과 훈련으로 습관이 형성된다고 생각했기 때문에 꾸준히 지도하려고 애썼다. 이런 노력이 어느 정도 결실을 맺을 수 있었던 건 2015년 실시된 스몰스쿨제 덕분이다.

똘똘 뭉쳐 시도했던 회복적 생활교육

보평중학교는 '잘못을 했을 때는 자신의 잘못을 성찰하고 책임지는 자세를 가져야 하며, 공동체 속에서 안전한 관계를 형성할 수 있도록 노력해야 한다'는 회복적 생활교육의 방침을 강조한다. 이를 생활화하기 위해 학급회의를 서클을 만들어 운영했다.

회복적 생활교육의 첫 시작은 오리엔테이션이다. 보평중은 모든 학년이 3월 첫날 오리엔테이션을 실시한다. 1학년은 이틀을 실시하는데 하루는 담당교사와 선배들로부터 학교생활에 대한 안내를 받고, 하루는 학급 친구들과 학급가치와 그 가치 실현을 위한 배움의 약속을 정한다.

당시는 성남교육지원청에서 성남시와 함께 성남형 교육사업으로 회복적 생활교육을 지원하고 있어 외부 전문가의 도움을 받아 오리엔테이션 진행이 가능했지만 교사 스스로 하는 것이 바람직하다는 생각이 들었다. 서툴면 서툰 대로 담임선생님이 직접 1년 동안 지도할 학생들과 배움의 약속을 정하는 것이 필요하지 않나 싶었다. 그래서 모든 담임교사가 하루 동안 소화 가능한 공동체 세우기 프로그램을 만들고, 학생 입장이 되어 직접 프로그램을 맹연습한 후 수정을 거듭해 학생들과 오리엔테이션을 진행했다.

담임교사별로 회복적 생활교육 실천 경험이 달라 학급별로 차이가 날 수밖에 없음을 인정하고, 각자 할 수 있는 만큼 꾸준히 실천하며 문제점을 극복해나갔다. 학생들 사이에 갈등이 발생해 학급운영이 쉽지 않은 문제가 생길 때마다 1학년 선생님들과 함께 해결책을 찾고 서

◦ 매년 오리엔테이션을 실시하고 평가를 하는데 그 결과를 바탕으로 2015년, 2016년에는 2, 3학년은 하루, 1학년은 이틀 오리엔테이션을 했다.

로 지원하며 공동 대응했던 것은 지금도 잊히지 않는다.

선생님들은 각자 자기가 할 수 있는 일을 찾아 함께 해결해갔다. 서클 운영 경험을 살려 서클을 운영하기도 하고, 담임교사와 지원교사 대신 해당 학급의 조·종례와 청소 지도를 하기도 하고, 힘들어하는 학생들을 각자의 수업 시간에 열심히 돌보고……. 만약 담임교사나 학년부장이 감당해야 할 몫으로 생각하는 분위기였다면 모두 쉽게 치쳤을 것 같다. 퇴근을 미루고 늘 함께 남아 서로를 응원하고 공동방안을 찾았기 때문에 회복적 생활교육의 실천이 가능하지 않았나 싶다.

학급자치로 진행한 생태학교

생태학교 운영과 연관한 학급자치는 담임교사를 중심으로 활발하게 운영됐다. 당시 보평중은 스몰스쿨제로 1학년은 생태학교, 2학년은 예술학교, 3학년은 성장학교라는 특성화 프로그램을 운영하고 있었다. 1학년은 학생들의 생명감수성을 키우기 위해 학교 내 농작물 심기와 학급별 생태체험을 실시했다. 농작물 키우기는 기술·가정 수업과 연계해 봄에는 샐러드를 만들 채소, 가을에는 겉절이를 만들 채소를 키웠다.

이벤트식 교육으로 끝나지 않도록 과학 시간에는 식물관찰보고서 쓰기로, 국어 시간에는 시나 수필 쓰기로 연결했다. 조그마한 텃밭이지만 학생들과 함께 흙을 고르고 씨앗을 심고 쑥쑥 커가는 채소들을 보는 재미가 쏠쏠했다. 학급회의에서 결정한 자신의 역할을 다하려고 물통에 물을 가득 담아 끙끙거리며 물을 주고 얼마나 컸는지 가만히 관찰하고 있는 학생들의 뒷모습을 보고 있으면 나도 모르게 웃음이 났다.

외부에서 실시한 생태체험은 그야말로 담임교사와 학급 학생들의 노고로 이루어졌다. 생태체험의 본 목적 외에 학생이 주체가 되어 준비하자는 목적을 추가했기 때문이다. 학급 내에서 학생 준비팀을 꾸려 어디로 체험을 갈지, 이동은 어떻게 할지, 점심은 어떻게 해결할지, 상품은 무엇으로 할지 논의해 학생들 스스로 준비할 수 있도록 담임교사는 곁에서 지켜보았다. 담임교사에게 크나큰 인내가 필요한 일이었다. 체험은 2~3개 정도의 학급 단위로 움직였고, 될 수 있으면 경험이 많은 교사와 경험이 적은 교사가 함께해서 힘을 합쳤다.

동료교사들의 손을 잡고 함께 걷는 행복

어느 학교든 기획부서가 학교 교육활동을 계획하면 학년부는 실행을 한다. 그러나 가장 가까이에서 학생들을 지도하는 부서는 학년부이다. 담임교사 개인의 역량에 의존하는 것이 아니라 학년 내에서 같은 지향점을 바라보고 서로 부족한 점을 채워가며 함께 갈 때 학년부의 의미가 있다. 그래야 학생지도 시 힘을 발휘할 수 있고 학생과 학부모에게 신뢰를 줄 수 있다고 생각한다. 여러 이유로 생활교육이 점점 어려워지고 교사가 자꾸만 위축되는 요즘, 보평중의 스몰스쿨제가 그 대안이 될 수 있을 것 같다.

보평중은 스몰스쿨제를 실시해 각 학년 선생님들에게 수업과 생활교육에 대한 권한을 위임하고 책임 또한 다하도록 했다. 학년부장과 담임교사가 한 교무실에서 다 함께 생활할 수 있도록 큰 교무실을 마련한 것도 도움이 되었다. 한 교무실에서 생활하니 수시로 협의가 가능했다. 커피 한 잔을 마시다 수업을 이야기하고, 빵 한 조각씩 나누어 먹다 생활교육 방안을 찾고……. 의도적으로 회의 시간을 갖지 않아도 자연스럽게 1학년 운영에 대한 고민을 나누고 대안을 찾을 수 있었다.

교사로 살아가면서 우리는 끊임없이 의심하고 확인한다. 과연 내가 가고 있는 길이 맞는지, 나는 잘하고 있는지……. 지치고 힘들 때 혼자라는 생각이 들지 않도록 서로에게 작은 위로를 건넬 수 있다면 얼마나 좋을까? 동료교사들의 손을 잡고 교사로서의 꿈을 함께 꾸며 그 꿈에 이르는 길을 함께 걷는다면 행복은 어느새 내 곁에 와 있지 않을까 싶다.

공간 혁신이
별건가요?

박은경 2011. 3 - 2019. 2 보평중 근무

탁구 수업 배움터로 바뀐 학교 로비

　강당 앞 로비의 유리문은 항상 잠겨 있다. 일 년에 몇 번이나 이 로비를 사용하는 걸까? 입학식과 졸업식을 제외하면 이 넓은 유리문이 열리는 것을 본 적이 없었다. 유리문 너머로 넓은 베란다가 있고 그 옆으로 1층으로 내려가는 계단이 연결되어 있다. 문득 이 유리문만 없어지면 교실 두 칸 넓이의 유휴공간이 생길지도 모른다는 생각이 들

었다.

아파트 베란다를 확장하여 거실 공간을 넓히듯이 이곳도 직사각형 교실을 반으로 자른 듯한 유리문을 없애고 계단 바로 앞으로 유리문을 재설치한다면 탁구대 5개 정도는 설치할 수 있는 공간을 확보할 수 있지 않을까?

나는 곧장 교장실 문을 두드렸다. 당시 나는 부장도 아니었지만 평소 실내체육활동 수업 공간에 대한 간절한 바람을 갖고 있었기 때문에 용기가 났을지도 모르겠다. 교장선생님께서는 의외로 쉽게 이를 수용하셨고, 좋은 아이디어라며 칭찬까지 해주셨다. 유리문 철거와 로비 확장은 일사천리로 진행되었고, 현재 그곳은 냉난방 설치까지 완벽한 탁구 수업 배움터로 활용되고 있다.

아이디어가 있으면 없던 공간도 만들 수 있고, 있는 공간은 더 효율적으로 사용할 수 있다. 교무실과 강당이 연결된 긴 복도를 오갈 때면 기술실과 가사실 앞을 지난다. 복도가 시끌시끌할 때는 기술실에서 만들기 수업을 하거나 가사실에서 요리 수업이 이루어지고 있었다. 그러나 대부분 기술실과 가사실은 비어 있기 때문에 복도는 항상 조용했다.

관찰해보니 가사실과 기술실이 활용되는 기간은 학기별로 1개월 남짓이었고, 이는 기술실와 가사실의 활용도가 매우 낮다는 의미였다. 이 공간을 용도로 함께 활용할 수 있다면 어떨까?

흔히 교과 교실이나 특별실을 담당하는 교사는 자기 교과만의 사유공간으로 생각해 다른 교사에게 개방하는 것을 탐탁지 않게 여긴다. 일단 교과 교구가 망가지거나 청소, 안전에 대한 책임소재가 불분명하고, 교사 개인이 사용하고 싶을 때 제한을 받을 수 있기 때문이다. 그럼에도 불구하고 기술실 공동 사용에 대해 일단 교직원회 협의 안건으로 제안해보기로 했다.

이미 대토론회를 통해 전체 교사의 학생맞춤형 체육교육과정 운영에 대한 합의가 있었고, 이번 협의 과정에서 체육활동 공간 확보에 대한 필요성을 어필하였으며, 마침내 기술가정 교과에서 기술실을 어렵게 양보해주었다. 그 덕분에 무용실이 만들어졌다. 현재 무용실은 매주 24시간 체육활동 시간뿐만 아니라 방과후 댄스동아리, 점심시간 자율동아리 공간으로 활용되어 학생들이 꿈을 키우는 배움터로서 중요한 역할을 하고 있다. 이 모습을 지켜본 기술가정과 선생님이 조심스레 다가와 "처음엔 기술실이 없어지는 것 같아 속상했지만 학생들이 이렇게 열심히 활동하는 모습을 보니 뿌듯하다"라고 말해주었다.

이를 계기로 학교 공간에 대한 인식의 변화가 일어나기 시작했다. 과학실이 개방되고, 음악실, 미술실, 미래형 교실, 어학실, 정보실 등을 특정 교과만의 사유공간이 아닌 공공의 공간으로 사용할 수 있도록 교사들이 함께 모여 학교 공간과 수업 시간을 조정하는 협의가 자율적으로 이루어졌다.

최근 교육계에 학교 공간 혁신이 큰 화두가 되고 있다. 학교 공간 혁신은 학생들이 주도적으로 사용하는 공간을 학생들의 필요와 요구를 반영하여 학습과 쉼, 삶이 융합되는 공간을 만들고자 하는 것이다. 공간 혁신은 궁극적으로 교육혁신에 목적을 두고 있으며, 학생 중심의 배움터를 만들기 위해 학교자치가 전제조건이 되어야 한다. 보평중학교에서는 이전부터 이를 실천하고 있었다.

3학년 2학기가
하이라이트

정미희 2013. 3 - 2017. 2 보평중 근무

3학년은 내신성적 산출이 끝난 후 졸업까지의 기간이 길기 때문에
많은 학교에서 학년말 프로그램을 운영한다. 보평중의 3학년말 프로그
램이 다른 학교와 차별화된 점은 교사와 학생이 함께 기획하고 함께
운영한다는 것이다. 12월 초부터 졸업까지 다양한 문화활동과 체험활
동을 통해 바른 인성과 창의성을 겸비한 민주시민의 자질을 함양하고,

3년간의 학창 시절을 되돌아보며 친구들과 함께했던 추억을 공유하는 소중한 시간을 가져보는 것을 목적으로 프로그램을 운영했다.

학년 초부터 3학년 학생회에서 3학년말 프로그램 준비위원회를 구성할 정도로 학생들에게 관심이 높았다. 교사들은 교과의 특성을 살린 프로그램을 기획했고, 학생들은 소외되는 친구 없이 모두가 참여할 수 있는 프로그램을 기획했다. 교사와 학생, 교사, 학생 등 여러 팀으로 나눠 세부 운영 방법에 대해 협의하며 최종 계획을 세웠다.

교사들은 교사 연수와 메신저를 통해, 학생들은 학급자치회의를 통해 각각의 프로그램에 대한 취지와 운영 방법을 알렸고, 학생 참여의 중요성을 강조했다. 교사들은 각 프로그램의 준비물과 장소를 섭외했고, 학생들은 각 프로그램의 진행요원 선발과 홍보를 맡았다. 그 결과 학생뿐만 아니라 교사와 학부모들도 즐겁게 참여할 수 있는 프로그램을 진행할 수 있었다.

교사와 학생이 함께 준비한 프로그램

학기말에 많은 학교에서 목격되는 안타까운 장면 중 하나가 교과와 관련 없는 영화를 틀어주고 시간을 때우는 것이다. 영화 감상도 사전에 충분히 고민하고 협의한다면 교육적으로 의미 있는 활동과 연계할 수 있다.

과학교사들의 제안으로 과학 교과와 맥락이 닿는 영화를 감상하

2015년 3학년말 프로그램

영역	해당 프로그램 (시간)	영역별시간
외부 문화체험활동	• 체험지 4곳 반별 체험(7) + 사전 안전교육(2)	9시간
체육활동	• 화합과 선의의 경쟁이 있는 체육대회(4)	4시간
진로활동	• 모의고사(4) • 공부에 대한 토론(2) • 진로설계에 대한 대학생 멘토링(2)	8시간
반별 단합활동	• 주제가 있는 가장행렬(4) • 3년간의 추억을 돌아보는 '성장나무 만들기'(6) • 졸업영상 만들기(5) • 졸업식 준비(2)	17시간
교과 연계활동	• 시화전(4) • 나만의 예술 세계 컬러링북 만들기(2) • 과학적 원리를 이용한 협동작품 '스파게티 탑 쌓기'(2) • 교과융합 도전 골든벨(4) • 국어 퀴즈대회(2) • 수학 창의력 퀴즈 및 논리 퍼즐(2) • 영화 〈백 투 더 퓨쳐 2〉를 감상하고 '미래를 상상하라!'(3)	19시간
반별 단합 및 교과연계활동	• 테마가 있는 사진전(4) • 학창 시절 추억을 주제로 반별 미니어처 협동 작품 만들기(3) • 요리 및 푸드 스타일링 경연대회(6) • 크리스마스트리 만들기(4) • 3학년 축제 '작은 음악회'(4) • 합창-합주 경연대회(14) • 프로그램 평가회(1)	36시간
합계	• 22개 프로그램 운영(평가회 제외)	93시간

고 과거, 현재, 미래사회를 비교하고 상상해보는 활동을 하기로 했다. 그래서 정한 영화가 〈백 투 더 퓨처 2〉였다. 이 영화에서 그리는 미래사회는 2015년이다. 1985년에 살고 있던 주인공이 30년 후 미래로 가서 사고를 수습하는 내용으로 1985년의 상상력으로 2015년의 미래사회를 표현한 영화이다. 아이들과 영화 〈백 투 더 퓨처 2〉를 감상한 후 과거에 상상한 오늘의 모습 중 실현된 것과 아직 실현되지 않았지만 실현될 가능성이 있는 것 찾아보고 미래사회를 상상하는 활동을 한 후 공유했다.

'도전 골든벨'은 학생들의 역사의식을 고취시키고자 하는 역사교사의 제안으로 기획되었다. 협의 과정에서 역사뿐만 아니라 다양한 분야의 문제를 출제해서 진행하면 더 재미있을 것 같다는 교사와 학생의 의견을 반영했고, 학생들 스스로 활동에서 일어날 수 있는 여러 가지 경우를 예측하여 세심하게 인원을 배치하고 진행하여 기획 의도를 잘 살릴 수 있었다. 교사 4명과 학생 2명이 상식, 넌센스, 역사, 국어 맞춤법, 과학 등 다양한 분야의 문제를 출제하였고, 오디션을 통해 선발된 학생 4명이 사회를 봤다. 15명의 학생 준비위원이 질서 유지 및 진행 보조를 맡아 많은 학생들이 무질서하게 움직이는 활동이었음에도 안전하게 진행되었다. 학생들이 매끄럽게 진행할 수 있을지 걱정하면서 맡겼지만, 학생들의 반짝이는 재치로 모든 학생들이 질서 정연하게 참여한 프로그램이었다.

'작은 음악회'는 학생들이 가장 관심을 갖고 적극적으로 참여한 프로그램으로 학년 축제의 개념으로 진행되었다. 예산이 부족하여 특별한 무대장치나 조명은 없었으나 3학년 학생들 모두가 즐겁게 참여하는 학년 단합활동으로 졸업 전 좋은 추억을 남길 수 있는 프로그램이었다. 3학년말 프로그램 준비위원회에서는 포스터를 만들어 10일간 홍보를 하며 지원자를 모집한 후 오디션을 거쳐 다채로운 공연이 될 수 있도록 밴드, 노래, 춤, 무용, 악기 연주 등 다양한 분야의 참가 학생들을 선발했다. 또 3학년 전체가 강당에 모이는 만큼 안전과 질서 유지를 위해 각 반 준비위원들이 진행을 보조했고, 방송부원들이 리허설 때부터 철저하게 준비하며 방송을 책임졌다. 이런 노력 덕분에 작은 음악회는 체육대회, 합창-합주 경연대회와 더불어 가장 만족도가 높은 프로그램이었다. 특히 기획부터 진행까지 모든 과정을 학생들이 직접 하였음에도 사소한 사고 없이 원활하게 진행되는 것을 보며 학생들의 무한한 가능성을 새삼 확인했다.

학년말 프로그램에 대한 학생들의 평가는 매우 좋았다. 또 많은 학부모가 아이들이 학교 가는 걸 정말 즐거워한다며 졸업을 앞둔 시기에 소중한 추억을 만들 수 있게 해줘서 고맙다는 말을 전하기도 했다. 따로 초대를 하지는 않았지만 학부모들도 자발적으로 여러 활동에 참여하여 자리를 빛내주셨다.

일부 학부모는 고교 진학을 앞둔 중요한 시기에 한 달 동안이나 학교에서 공부는 안 시키고 놀게만 한다고 문제를 제기했다. 하지만 나는 보평중 3학년 학생들이 전형적인 배움의 형태는 아니더라도 의미 있는 배움의 시간을 가졌다고 생각한다. 아이들은 교과서를 공부하진 않았지만 교과연계활동을 통해 교과 공부를 했고, 단합활동을 통해 소통과 배려를 배웠다. 학생들 스스로 프로그램을 기획하고 주도적으로 진행하고 참여하면서 인정과 존중, 지지와 격려, 칭찬을 통해 자존감 높은 아이로 한 뼘 더 성장하는 소중한 시간이 되었다.

정답은 없다,
대토론회

김남선 2011. 3 - 2013. 2 보평중 근무
곽지영 2011. 3 - 2016. 2 보평중 근무

학생생활인권규정을 개정하다

개교한 지 몇 년 지나지 않아 학생생활인권규정을 전반적으로 재검토해야겠다는 생각을 했다. 학교 내부에서도 생활지도에 대한 경계를 명확하게 세우면 좋겠다는 요구가 들려왔다. 담임교사의 가치관에 따라 학급마다 용의복장 검사의 수위가 달라 일관성 없는 생활지도로 학생들의 불만이 팽배했고, 혁신학교라고 하더니 학생들의 생활지도를

포기한 것이냐는 학부모들의 민원도 계속되었다. 선생님들 사이에서도 생활지도에 대한 교육적인 가치관과 소신이 달라 교무회의를 할 때마다 의견이 하나로 모아지지 않는 어려움이 있었다.

그러던 차에 반가운 소식이 들려왔다. 2010년 경기도교육청에서 두발과 복장 등 생활지도 규제 완화 등을 골자로 하는 학생인권조례를 제정하여 발표한 것이다. 경기도교육청은 학교생활규정 제·개정의 가이드라인에 의거하여 학생들의 인권을 고려해 학교 구성원인 학생, 학부모, 교사의 의견을 수렴하여 민주적인 절차에 따라 학교생활규정을 개정하도록 권고했다. 경기도학생인권조례의 발표에 힘을 얻어 경기도교육청에서 제시한 매뉴얼에 따라 2013학년도에 대폭적인 학생생활인권규정의 개정 작업을 시작했다.

우선 학생, 학부모, 교사 각각 3명씩 총 9명으로 구성된 규정개정심의위원회를 조직하였다. 그리고 교육공동체의 의견을 수렴하기 위하여 학교 구성원인 학생, 학부모, 교사의 전체 인원을 대상으로 설문 조사를 실시했다.

다음으로 설문 조사 결과를 토대로 토론회를 진행하였다. 시청각실에서 진행된 토론회에는 학생, 학부모, 교사 대표 각각 2명씩 총 6인이 패널로 참석했고, 토론회 과정은 실시간으로 전체 교실로 방송되었다. 토론회를 마친 후 학생생활인권규정 개정 초안을 마련하고 신구대비표를 작성한 후 학교운영위원회의 심의를 거쳐 시행 공고를 냈다.

학생들은 들뜬 분위기에서 설문 조사에 답을 하면서도 학교가 진짜로 자신의 의견을 받아줄지 의문을 가졌다. 그러나 개정 과정을 모두 지켜본 후 자신들이 참여해서 개정한 규칙이니 잘 지키겠다는 책임감을 보여주었다. 학생자치회를 중심으로 실내화 신기 캠페인 등을 기획해 활동하기도 했다. 학부모들은 규정 개정의 결과보다는 규정을 개정하는 과정에 동참해 학교활동에 주체적으로 참여했다는 점을 높게 평가했다.

교사들에게도 큰 변화가 생겼다. 몇 차례에 걸친 협의 과정을 통해 서로 다른 교육적 가치관의 차이를 이해하게 되었다. 결과적으로 생활규정을 완화하는 방향으로 의견이 모아지자 교사들은 그동안 생활지도에 쏟았던 에너지를 교과지도나 진로교육에 집중할 수 있게 되었고, 무엇보다 학생들과 좋은 관계를 유지하는 가운데 교육적인 효과는 배가될 것이라는 기대감이 커졌다.

학생생활인권규정을 개정한 후로 더이상 학교에서는 두발이나 용의복장 문제로 인한 마찰 없이 평화롭게 생활지도가 이루어질 것으로 기대했다. 그러나 예상은 여지없이 빗나갔고 생활규정에 대한 문제 제기는 끊임없이 계속되었다. 특히 그린마일리지(상벌점제)가 뜨거운 감

---

* 교내에서 학생에 대한 체벌을 금지하면서 학생들의 학습 및 생활지도를 위해 2010년 3월부터 시행된 학생 상벌점제를 말한다. 잘못된 행동을 한 학생에게 벌점을 부여하고, 칭찬받을 행동을 한 학생에게는 상점을 부여하는 방식이다.

자로 떠올랐다. 그동안 적용 기준의 모호성과 낙인효과 등으로 교육적 논란이 끊이지 않았던 만큼 보평중학교에서도 이 제도를 폐지해야 한다는 목소리가 높아졌다. 그리하여 그린마일리지 폐지안에 대해 교사 토론회를 열었다.

교사 토론회는 명확한 결론을 내리지 못하고 서로의 의견을 실컷(?) 들어보는 시간으로 마무리되었다. 그린마일리지(상벌점제)의 세부적인 항목에 대해 이야기를 나누다 보니 화장, 치마 길이, 귀걸이의 크기나 모양 등을 어느 선까지 허용해야 하는지 등 사소한 문제들이 거론될 수밖에 없었기 때문이다.

하나를 허용하기 시작하면 전체가 무너지니 절대 안 된다는 의견, 아이들의 배움에 방해가 되지 않으면 화장, 교복 변형은 중요하지 않으니 복장 규정을 삭제해야 한다는 의견, 규정을 삭제하는 건 너무 파격적이니 규정은 놔두고 지도에 힘을 빼지 말자는 의견 등 선생님들의 생각은 참으로 다양했다. 교사 토론회는 결론 없이 끝이 났지만 협의가 무의미한 것만은 아니었다. 선생님들이 함께 고민하는 과정 자체가 의미 있는 시간이었다.

교사 토론회를 거치면서 학생생활인권규정은 그 내용이 아니라 그 것을 만들어가는 과정이 더 중요함을 깨닫게 되었다. 그리고 그 과정에서 교사, 학생, 학부모의 입장을 들어보는 것이 학생생활인권규정의 핵심이라는 생각에 '학생생활인권규정 개정을 위한 대토론회'를 열기로 했다.

대토론회는 1, 2학년 학생 전체(체육관의 공간이 협소한 관계로 3학년
은 교실에서 방송으로 시청함)와 학부모 희망자, 교사 전체가 참석하였다.
토론회 방식은 학생, 학부모, 교사 대표가 각각 찬반으로 나누어 패널
토의를 한 후 전체 참석자를 대상으로 자유토론을 진행했다.

토론회를 준비하면서 업무 담당자로서 작은 바람이 있다면 단순한
찬반 토론이 아닌 서로의 입장을 들어보고 이해하는 장場이 되었으면
하는 것이었다. 학생은 지도하는 선생님의 입장과 그 어려움을, 선생님
은 개성을 살리고 싶어 하는 학생의 입장에서 학생의 마음을, 학부모
님은 우리 자녀들의 마음을 듣고 공감하는 자리가 되었으면 했다. 그
래서 이번 대토론회의 슬로건을 '입장 바꿔 생각해봐!'로 정했다.

두 시간 가까이 되는 긴 토론이었다. 패널 이외에도 학생들의 자유
발언이 이어졌다. 여학생의 짧은 치마가 남학생들의 입장에서 시선 처
리의 어려움이 있다는 발언을 하자 이에 교실에서 남학생들이 바지를
입고 앉으면 뒷자리에서 팬티 라인이 보여 여학생들도 불편하다는 반
박이 있었다. 자칫 남녀 갈등 구도로 가지는 않을까 걱정하는 순간 한
남학생이 일어나 발언을 했다. 내 시선 처리가 불편해 여학생의 치마
길이를 내리라는 말은 남학생들에게 팬티라인이 보이니까 바지를 가
슴까지 끌어올려 입으라는 얘기와 똑같지 않느냐며, 문제는 치마 길이
와 바지 길이가 아니라 보는 사람의 생각 문제라는 당찬 발언에 모두
환호와 박수를 보냈다.

대토론회가 끝나고 그 자리에서 학생들은 설문 조사에 참여했고, 학부모와 교사는 온라인 설문지로 찬반 의견을 모았다. 설문 결과 개정을 반대하는 의견이 좀 더 많아 결국 규정을 개정하지는 못했지만, 대토론회와 토론을 준비하는 과정에서 교육의 3주체인 교사, 학생, 학부모 모두에게 민주주의를 배울 수 있었던 소중한 경험이 되지 않았을까 생각한다.

이후로도 학생생활인권규정은 끝없이 개정을 반복했다. 처음에는 생활지도에 대한 규제를 대폭 완화하는 방향으로 개정했기 때문에 많은 학생들이 만족해하며 자유로운 분위기 속에서 학교생활을 한다. 그러다 곧 내부에서 생활지도의 경계를 다시 세워 학생들 스스로 흐트러짐 없이 생활했으면 좋겠다는 자성의 목소리가 점점 커져 생활규정은 또다시 개정된다. 개정된 생활규정은 자성의 과정에서 나온 것이었기에 이전의 생활규정과 내용은 비슷할지라도 그 안에 담겨 있는 의미는 다르다. 책임감 없는 자유는 결국 모두를 불편하게 함을 학생 스스로 체험했기에 개정된 생활규정을 지키는 데 있어 학생들의 태도는 훨씬 성숙해졌다.

이런 과정을 수차례 반복하면서 내린 결론은 결국 생활지도에 정답은 없다는 것이다. 어떤 생활지도 방식이 가장 교육의 본질에 맞는 것인지 정해진 답은 없으며, 학교 구성원이 대토론회 등 공론화의 자리에서 머리를 맞대고 함께 고민하며 서로의 입장을 이해하고 문제를 합리적으로 해결하기 위해 노력하는 과정이 중요하다는 것을 알게 되었다.

이런 과정을 거치면서 학교는 서서히 변화했다. 학교의 변화된 모습으로 첫째, 참여와 소통으로 민주적인 토론 문화가 정착된 점을 말하고 싶다. 토론회를 마치고 많은 사람들로부터 교육의 3주체가 한자리에 모여 토론하는 것 자체가 민주주의를 경험할 수 있는 좋은 시간이었다는 이야기를 들었다. 토론의 목적은 '승리'가 아닌 '소통'이라는 말이 있다. 토론의 장에 모여 상대방이 어떤 근거로 주장을 하는지 경청하는 과정에서 서로를 이해할 수 있게 되는 것이다. 토론회를 함께 준비했던 한 학부모의 말이 생각난다.

"용의복장 규정 삭제에 대한 안건을 교사들이 제안했다는 말에 교사들이 학생들을 지도하기 귀찮기 때문은 아닐까 생각하기도 했어요. 그런데 학교 안으로 들어와 토론을 준비해보니 학생들의 내면을 보고 수업에 집중하고 싶어 하는 교사들의 교육철학을 알게 되었어요. 또 학생들의 이야기를 들으며 학생들이 선생님을 신뢰하고 있다는 것도 알았고요."

학생들이 토론회에 참여하는 모습도 매우 높게 평가하고 싶다. 많은 사람들 앞에서 자신의 의견을 당당하게 얘기하고 다른 사람의 의견을 경청하는 모습은 어디에서 왔을까? 당장 내 수업에서 변화가 보이지 않는다 하더라도 교사들이 같은 철학으로 함께했기에 어느 순간 아이들의 성장한 모습을 볼 수 있었던 것이다.

둘째, 학생자치회 특히 바른생활부(선도부)의 위상과 역할이 바뀌었다. 그린마일리지제가 폐지 되면서 혼란스러웠던 건 교사만이 아니었다. 가장 당황한 사람은 교문 앞에서 용의복장을 지도하던 학생자치회의 바른생활부였다. 아침 등굣길과 점심시간에 체크리스트를 들고 다니면서 학생들의 용의복장을 단속하고 기록했던 바른생활부의 역할이 사라져버린 것이다. 우리는 무슨 활동을 해야 하느냐고 볼멘소리가 들렸다. 그래서 3학년 바른생활부 학생들을 모아놓고 리더십 교육을 했다. 진정한 리더는 통제를 통해 규정을 지키도록 하는 것이 아니라 규정을 잘 지키도록 도와줘야 하는 것이라고 설득했다.

새 학기를 시작하고 첫 바른생활부 회의를 할 때, 어떻게 하면 학생들이 규정을 지키도록 도울 수 있는지 그 방법에 대해 고민했고 그 가운데 아침 교문 앞 등교맞이 인사, 규정 준수 캠페인, 학교 행사 질서 도우미 등 몇 개의 활동을 선별했다.

바른생활부원들이 가장 의미 있는 활동으로 꼽은 것은 규정을 위반한 학생을 대상으로 한 상담활동이었다. 담임교사가 바른생활부에 상담을 요청하면 규정을 위반한 학생을 바른생활부원이 상담을 해주는 것이었다. 처음 시도하는 일이었고 상담이라는 문화가 익숙하지 않은지 서로 쑥스러워 기대한 만큼의 효과를 얻진 못했지만, 상담을 담당했던 바른생활부원들은 보람을 느꼈다고 한다.

셋째, 아침 등교 시간의 교문 앞 풍경이 확 달라졌다. 선생님과 학

---

* 2014년 경기도교육청은 그린마일리지제(상벌점제)를 완전 폐지하였다.

생자치회 학생들은 살벌한 용의복장 단속 대신에 따스한 미소와 함께 아침 인사로 등교하는 학생들을 맞이했다. 한 발 더 나아가 그때그때 시기에 맞게 작은 연주회, 프리허그 캠페인 등 학생자치회에서 주관하는 다양한 이벤트로 학생들은 유쾌하게 하루를 시작할 수 있었다.

보평중에 있으면서 깨달은 것은 학교는 학생을 통제하고 지시하는 곳이 아니라 학생에 대한 애정을 가지고 그들이 학교생활을 하면서 불편한 점은 없는지 살피고 학생의 목소리에 귀를 기울이는 곳이어야 한다는 것이다.

교원능력평가를
안 한다고요?

신승미 2016. 3 - 현재 보평중 근무

유명무실한 학교평가와 교원능력평가

"보평중학교에서는 학교평가와 교원능력개발평가를 하지 않습니다."

2018학년도 경기도 교육연구원 연구사가 보평중학교는 어떻게 평가를 하느냐고 묻는 질문에 대한 답변이었다. 연구사의 놀람을 뒤로하며 이어서 말을 보탰다.

"그러나 엄밀히 말하면 학교의 교육과정 운영에 대한 평가와 교원의 능력을 개발하기 위한 연수와 장학, 상호평가, 성장의 과정은 일 년 내내 진행되고 있습니다."

사실이다. 보평중학교에서는 교육청에서 상명 하달식으로 전달하는 학교평가와 교원능력평가를 하지는 않는다. 하지만 오히려 더욱 철저하게 일 년 내내 학교 교육과정에 대한 전반적인 평가를 하고, 교원의 능력 향상을 위해 내실 있게 전문적학습공동체를 진행한다.

일반적인 학교평가는 학년 초에 학교평가위원회를 구성하고 학교평가 기본 및 운영 계획을 수립하면서 공통지표와 자율지표를 선정하는 것으로 시작된다. 그리고 한 학기 동안 책상 서랍 속에 들어가 있다. 학교평가는 학부모 총회에서 학부모들에게 학교평가를 하는 방법에 대해 홍보를 하고 주어진 기간 동안 학교평가 사이트에 접속하여 정형화된 질문에 답변하는 식으로 한다. 그리고 제반지표에 대한 정성적, 정량적 설문 과정을 거친 통계치를 토대로 결과 보고서를 작성하는 것으로 마무리된다.

교원능력개발평가는 어떠한가. 공개수업은 수업 연구를 하는 교사에 한해 이루어지고, 학부모 공개수업은 학부모에게 일회적으로 공개된다. 그나마 수업 연구를 하는 교사의 공개수업도 학교 관리자나 담당 부장교사, 담당 교과 교사들 정도가 참관하는 것이 전부다. 대부분 교사들은 옆자리에 앉아 있는 선생님이 어떤 수업을 하는지 알지도 못하고, 본 적도 없다.

이렇게 서로 수업을 보지 못한 교사들 간에 이루어지는 교원능력개발평가는 수업 부분의 평가를 정확하게 하기 어려울 수밖에 없다. 그러다 보니 동료평가는 온정적이고 유명무실해지기 일쑤이고, 학생이나 학부모들이 하는 평가는 주관성이 많이 개입된 부정확한 평가가 된다. 문제는 이러한 학교평가와 교원능력개발평가가 전체 학교 교육과정의 문제점 개선과 교사의 개인적인 역량이나 능력 개발, 성장에 실질적으로 도움이 되느냐이다. 이것을 '평가'라고 할 수 있을까?

학교평가 대신 대토론회

보평중학교에서는 학교 교육과정에 대한 평가는 1학기에 한 번씩 교육공동체 대토론회에서 이루어지고, 대토론회의 결과물은 다음 학기에 바로 반영이 된다. 그런 의미에서 대토론회가 바로 학교평가라 할 수 있다.

학교평가와 대토론회의 시작은 학년 초 기획회의와 전체 교직원 회의에서 출발한다. 이때 전년도 학교 자율지표에 대한 평가가 이루어지고 당해 보평중학교에서 가장 중점을 두어 성장시켜야 할 부분이 무엇인가, 보평중학교의 현재의 문제점이 무엇인가에 대한 광범위한 토론이 이루어진다. 이 과정에서 자율지표가 선정된다. 이렇게 선정된 자율지표는 한 학기 동안 학교 교육과정 전 영역에서 세부적인 프로그램으로 기획, 실천되고 그 결과는 한 학기가 끝난 후 교육공동체 대토론회에서 평가하게 된다.

1학기가 지나고 1학기 교육과정에 대한 교육공동체 대토론회를 진행하기 위해서는 교사들이 먼저 교과별, 학년별 소토론회를 실시한다. 이와 더불어 학생들도 학생회에서 해당 주제에 대한 평가와 토론을 실시한다. 이 사전 토론회에서 자율지표가 어느 정도 실현되었는가를 점검하고 최종적인 토론 안건을 추출한다. 이 과정을 통해 2018학년도 1학기 대토론회에 붙여진 안건은 다음과 같다.

첫째, 학생회의 민주화와 학년자치회의 활성화 방안
둘째, 1학기 교과별 과정 중심 성장평가와 2학기 평가 계획 반영

이 내용들은 학교평가의 자율지표 영역과도 일치하는 것으로 학생회의 민주화와 학년자치회 활성화 방안, 1학기 과정 중심 성장평가는 바로 2학기 교육과정에 반영이 되었다. 그리고 2학기 대토론회 안건은 다음과 같았다.

첫째, 학생생활규정 개정의 현주소와 앞으로의 방향 및 꽃동네 봉사활동의 의미와 개선방안
둘째, 보평중 혁신학교의 역사 점검과 앞으로의 비전과 과제

첫 번째 안건은 꽃동네 봉사활동의 의미를 교육공동체에서 다시 정립하는 것이었다. 꽃동네 봉사활동은 보평중의 역사와 함께 시작된 것으로, 보평중의 상징적인 봉사활동이다. 꽃동네에 가서 봉사활동을 하

는 것은 사회의 어두운 곳을 감싸 안고 따스한 가슴을 가진 민주적인 새 시대의 리더를 키워나가는 교육과정의 일환으로 보평중학교가 내건 학교철학과도 연결되는 것이다. 그래서 그간 많은 문제 제기에도 불구하고 계속 이어져왔다. 그러나 대토론회에서 치열한 토론 끝에 특정 시기의 일회성 활동보다 일상생활 속에 지속적으로 이루어지는 활동을 통해 그 의미를 살리자는 논의가 받아들여져 2019년 교육과정에 바로 반영되었다.

두 번째 보평중 혁신학교의 역사 점검은 8년여에 걸친 혁신학교의 역사를 되돌아보며 앞으로의 비전과 전망을 제시하는 토론이었다. 이 토론은 새로 보평중학교에 전입 온 교사들에게 특별하고 강한 인상을 줬고, 현재 보평중학교의 강점과 약점, 비전과 발전 전망을 새롭게 정립할 수 있었다.

민주주의의 장으로서의 대토론회

그렇다면 대토론회는 누가 참가할까? 보평중학교의 대토론회는 말 그대로 교육공동체가 모두 참여하는 대ㅊ토론회이다. 1학기에 한 번 하는 대토론회에는 학생과 학부모가 모두 참여하여 학교의 한 학기 교육과정을 평가한다.

학생의 경우 사전 협의회를 통해 한 학기 동안의 다양한 활동에 대한 평가회를 미리 진행하고 부서별 업무 보고를 준비하며, 전체 학생회 임원들과 학년회 임원들이 참가한다. 체육부는 1학기 체육대회라는 한 학기의 가장 굵직한 사업과 스포츠클럽활동에 대해 보고하고, 동아리연합회에서는 한 학기 동아리활동과 모범 동아리에 대해 보고한다. 전체 학생회와 학년 학생회는 그간 이루어진 학생회활동에 대해 보고한다. 그리고 이런 전체 학생회활동은 각 학급별 회장단을 통해 홍보된다.

학부모는 학년대표들과 각 학부모 모임 대표들이 주로 참석을 한다. 세 공동체 모두가 함께 논의하는 안건을 1부에서 진행하며 각 모둠에 학생 1명, 학부모 1명, 교사 5명 정도를 배정해 9개의 모둠을 구성하여 토론을 진행한다.

이렇게 학교의 교육활동을 실질적으로 평가하는 대토론회는 학교의 교육 주체인 세 주체가 만나서 의견을 개진하고 민주주의를 실현하는 장이라고 할 수 있다. 대토론회를 준비하는 과정에서 학급의 의견과 교사들의 의견이 모아지고 건의사항이 속출한다. 관련 부서는 대토론회의 안건으로 상정되지 않은 질문들에 답변하고 해결책을 함께 모색한다.

학교평가와 교원능력개발평가가 제대로 이루어지면 학교 교육과정이 반성과 성찰을 통해 성장하고, 교원의 능력 역시 끝없이 개발되고 향상된다.

보평중학교의 학교평가는 이처럼 학교 공동체와 교육과정의 성장과 정중심평가이고, 평가 후에 피드백을 바로 하여 해당 학년도 학교 교육과정에 신속하게 반영되는 평가이다. 이러한 학교평가의 과정은 2학기에도 이루어지는데, 2학기의 경우는 1학기에 수립한 자율지표와 공통지표에 대한 교육공동체의 설문을 거치고, 그 통계자료를 바탕으로 학교 구성원의 의견들을 좀 더 세밀하게 수집하는 작업을 통해 1년의 학교 교육과정 전체에 대한 평가를 한다.

이 과정에서도 기존의 자율지표뿐 아니라 새롭게 점검해야 하는 문제가 있다면 2학기 대토론회 과정에서 그 문제도 즉각적으로 반영하여 진행한다. 따라서 보평중의 학교평가는 이미 만들어진 평가가 아니라 만들어나가는 평가이고, 형태가 정해진 평가가 아니라 살아 있는 유기체처럼 변화하고 진화하는 평가이다.

대화와
타협의
업무분장

손말녀 2010. 3 - 2016. 2 보평중 근무

술렁이는 11월의 학교

11월이 되면 학교의 공기가 술렁인다. 학교에 누가 남고 누가 가는
지, 남는 선생님 중에 누가 무슨 업무를 맡을지 숱한 '민간 발령'이 난
무한다. 민간 발령이란 학교장의 지시에 의한 공식 발령이 아니라 삼
삼오오 모여서 선생님들끼리 누가 이런 업무를 맡지 않을까 추측하는
걸 우스갯소리로 한 표현이다.

그런 이야기들 속에서 교사들은 내가 내년에 어떤 업무를 맡게 될까 귀를 곤두세운다. 이렇게 관심이 많은 건 쉬운 업무를 맡고 싶기 때문일 것이다. 올해 쉬워 보였던 업무에 많은 선생님들이 내년 업무 희망원에 그 업무를 희망한다고 작성한다. 일단 업무가 정해지고 나면 1년 동안 그 업무는 오로지 교사 개인의 몫이기 때문에 어떻게 해서라도 좀 더 편한 업무를 맡고 싶어 한다.

이와 같은 연유로 1년 동안 학교생활을 하면서 어느 선생님 업무가 너무 과하거나 너무 가벼워서 형평성에 문제가 생기면 서운한 마음이 들기 마련이다. 되도록이면 공평하게 업무가 배분되기를 바라는데 그 해결책은 무엇일까? 공평한 업무분장이 가능하기는 한 것일까?

공평한 업무분장을 위하여

최대한 공평한 업무분장을 위해서 어떻게 해야 할까? 먼저 교육과정 중심의 학교운영을 염두에 둬야 한다. 학교에서 제일 중요한 것이 교육과정의 실현이기 때문이다. 이를 위해 교육과정 이외의 사업은 축소하거나 버려야 한다.

또한 모든 교사가 교육과정 운영의 핵심인 수업에서 배움중심수업을 실시한다고 약속해야 한다. 담임교사는 생활인성지도와 진로진학지도, 수업 등의 업무 외에 일반 업무에서 배제한다는 원칙을 지키기 위해 부장, 비담임, 행정실무사 중심의 업무처리를 실시한다. 이때 교장선생님과 교감선생님의 행정지원은 필수다. 그 결과 일벌레와 무임승차는 있을 수 없게 된다.

업무분장의 시기도 중요하다. 각 부서의 부장이 결정된 후 부서의 업무를 조정하려고 하면 마음속에 이미 욕심이 생겨 공정한 마음으로 업무를 나누기 어렵다. 그래서 보평중학교에서는 기존 부장단이 내년에 어떤 부서를 맡을지 모르는 상황에서 업무조정을 한다. 내가 내년에 어떤 부서를 맡을지 모르는 상황에서 업무조정을 하니 그나마 공평한 업무조정이 가능하다.

그럼 신임부장단 선정은 언제 하는 것이 좋을까? 11월에 내년도 업무분장을 미리 마쳐놓은 후에 12월에 신임부장단을 선발하기 위해 본격적인 인사자문위원회의 활동을 시작한다. 적어도 겨울방학 전에 신임부장단이 결정이 되어야 업무파악, 인수인계, 내년도 계획, 계획에 필요한 각종 시설 예약 등이 가능하기 때문이다.

부장단을 12월에 미리 발표하면 좋은 점은 새 학기 준비를 충실히 할 수 있다는 점이다. 기존 부장은 방학 동안에 워크숍에서 결정된 사항을 반영하여 내년도 부서 계획을 미리 세우고 가예약까지 완료해서 다음 부장에게 인수를 한다. 그러면 새로운 업무를 맡은 부장이 2월에 인수인계하면서 최종 계획을 세울 수 있고, 당황하지 않고 업무를 진행할 수 있다. 제대로 새 학기를 맞을 준비가 되는 것이다.

업무분장 시기가 되면 인사자문위원회에 해당되는 선생님들은 긴장한다. 어떤 학교에서는 교장선생님께서 이미 다 정해놓은 부장단을 인사자문위원회에 이야기하고 나머지만 인사자문위원회에서 정하기도 한다. 아니 어떤 학교가 아니라 대부분의 학교가 그렇지 않을까 싶다. 이런 인사자문위원회는 이미 죽은 조직이 아닐까?

보평중학교는 2012년 말에 큰 위기가 찾아왔다. 개교 때부터 학교를 이끌어오던 교무부장이 학교를 떠나면서 신임 교무부장을 선발해야 하는 상황이 발생하였다. 워낙 중요한 역할이라 후임을 선발하기가 쉽지 않았다. 마지막에 혁신부장과 2학년 부장이 최종 물망에 올랐는데 너무 어려운 일이라고 계속 고사를 하였다.

결국 인사자문위원들이 교장실에 찾아갔다. 도저히 인사자문위원회에서 결정이 나지 않으니 관리자가 결정해주셔야 한다고 수차례 건의했다. 그러나 교장선생님의 태도는 단호했다.

"보평중학교는 개교 이래 지금까지 교장이 인사자문위원회에 권한을 위임해왔어요. 교장 한 사람의 머리보다 인사자문위원회의 집단지성의 힘을 믿습니다."

교장선생님은 인사자문위원회의 결정을 믿는다며 끝까지 기다려주셨다. 교사들의 손으로 뽑은 인사자문위원회를 믿어준 관리자와 선생님들을 실망시키지 않으려고 인사자문위원들은 책임감을 가지고 몇 날 며칠을 함께 고민했다. 그리고 인사자문위원회의 고민에 고민을 더

한 결과를 교장선생님은 100% 반영하여 업무분장을 하셨다. 인사위원회가 살아 있는 활동을 할 수 있었던 건 책임감 있는 선생님들과 이를 믿고 지지해준 교장선생님 덕분이었다.

2부

학습하는 학교

—

서로
도우며 성장하는
학습공동체

1장

함께 배우고
함께 **성장하는 학습공동체**

교사는
가르치는 전문가가 아닌
배우는 전문가

김순희 2015. 3 - 2018. 2 보평중 근무

교장선생님과 함께한 독서토론

보평중학교에 새로 전입 온 선생님은 학교 분위기와 학생들의 거침 없는 감정 표현에 다소 놀란다. 나도 부임한 첫해에는 학생들이 너무 버릇없는 것이 아닌가 싶어 당혹스러웠다. 1년이 지난 뒤에야 학생들을 오해했다는 것을 알게 되었다.

대부분의 학생이 선생님의 말씀은 잘 들어야 하고 선생님과 다른

생각을 가지고 있어도 표현하면 안 된다 생각한다. 교사인 나도 학생은 선생님의 말을 잘 들어야 한다 생각해서 학생들이 말을 듣지 않는다고 툭하면 화를 내곤했다. 그러니 학생들과 관계가 좋을 수가 없었다.

내가 정말 잘못하고 있구나 자각하게 된 것은 홍기석 교장선생님과 함께한 독서토론 시간 덕분이었다. 새로 전입 온 선생님들은 한 달에 한 번 교장실에서 책을 읽고 가장 기억에 남는 부분을 이야기하고 수업과 어떻게 연관해볼지 발표하는 독서토론활동을 진행했다. 책을 읽으며 자연스럽게 보평중학교가 추구하는 배움의 공동체 철학을 알 수 있고, 새 학교에서의 어려움도 같이 이야기하며 위로도 받고 해결방법도 찾곤 했다.

그러나 업무만으로도 빠듯한 시간에 한 달에 한 번 모이기가 쉽지 않았다. 미리 책을 읽고 토론 준비를 해야 한다는 심적 부담 또한 컸다. 좋은 방법이 없을까 교사 대토론회에서 머리를 모았다. 협의 결과 전문적학습공동체 시간에 교사동아리를 하기로 했다. 새로 전입한 선생님들만 시간을 내서 독서토론을 하는 것이 아니라 전 교직원이 동아리를 조직하고, 전문적학습공동체 시간에 교사동아리 시간을 넣기로 한 것이다.

독서토론 방법도 개선하여 미리 범위를 나누어 발제자를 정해 발표하기로 하였다. 발제자 없이 돌아가며 발표할 때와는 배움의 깊이가 달라졌다. 내가 알지 못한 부분도 발제자의 도움으로 배울 수 있었고, 자기 수업과 연관 지어 깊은 대화를 나누게 되었다.

이 독서토론으로 가장 많이 달라진 사람은 바로 나였다. 아이들과의 갈등을 어떻게 해결할 수 있을까 고민하며 배움의 공동체, 감정코칭, 회복적 생활교육, 비폭력 대화 등 정말 많은 것을 배웠지만 독서토론의 힘이 가장 컸다.

독서토론을 3년 동안 했으니 책마다 3번씩은 읽었는데 매년 감동이 커졌다. 지금 이 글을 쓰느라 그때 읽었던 책을 펼치니 밑줄에, 메모에, 포스트잇 스티커가 빼곡히 붙어 있다. 가슴이 쿵 하고 내려앉으며 학교가 너무 그리워진다. 그때의 열정이 되살아나는 걸까?

보평중학교에서 배운 것

34년의 교사생활을 끝냈다. 나에게 교사란 무엇이었을까? 교사가 천직인 줄 알고 다른 일을 한다는 건 생각조차 하지 않았다. 엄하게 학생들을 다그치며 지도했고 카리스마 있는 무서운 선생님이 최선인 줄 알았다. 자신 있게 학생들과 지내며 내가 엄청 유능한 교사라고 생각했었다.

교사 32년 차에 보평중에 와서야 배우고 달라진 것이 너무 많다. 혁신적이지 않은 내가 너무나 혁신적인 학교에 와서 생활한 것이 3년이지만 나는 감히 이 3년의 경험으로 내가 평생 살아갈 힘을 얻었다고 생각한다. 존중받는다는 것의 힘이 얼마나 큰지, 자존감이 높아진다는 것이 얼마나 중요한지 경험으로 깨달았다.

학교는 학생만 배우고 성장하는 곳이 아니다. 보평중학교는 교사와 학생이 함께 배우고 함께 성장하는 곳이다. 학생들은 학교에서 모르는 것을 당당하게 묻는 힘, 자기의 생각을 자신 있게 말하고 다른 사람의 의견에 질문할 수 있는 힘, 선거에서 공약을 발표하고 그 공약을 꼭 지켜내는 힘, 후보의 공약이 무엇이고 그 공약을 어떻게 지키는지 확인하고 지켜보는 힘을 키웠다. 보평중학교 학생들은 이 3년의 경험을 통해 무엇이 옳고, 무엇을 해야 하고 무엇을 하지 말아야 하는지 알고, 아는 것을 당당하게 실천하며 살아가는 사람으로 성장할 것이다.

"교사는 전문가이다. 가르치는 전문가가 아니라 배우는 전문가이다."

손우정 교수님의 책 《배움의 공동체》에서 본 이 문구가 너무나 절실하게 와닿고 위안이 되었다. 보평중학교에서 경험한 것처럼 나는 평생 잘 배워 성장하는 사람이 될 것이다.

리더로 세우면
리더가 된다

한수현 2009. 9 - 2017. 2 보평중 근무

수업 전문가가 되기 위한 첫걸음, 수업 연구회

2010년 이우학교 방문을 계기로 우리는 수업의 전문가가 되기 위해서 학습공동체를 만들자고 합의했다. 일명 전문적학습공동체의 시작이었다. 그러나 복병을 만났다. 도저히 일상적으로 수업을 공개하고, 함께 연구회를 할 시간이 나지 않았다. 학교는 정말 업무의 화수분 같다. 하루도 사건이 없는 날이 없다. 공문은 끊임없이 내려오고, 민원 전화

는 줄을 잇는다. 화장실 갈 시간도 없는 교사들이 머리를 맞대고 수업에 대해 논의하고, 일상적으로 수업 공개에 참가한다는 것은 어려운 일이었다. 용기 있게 수업을 열어봤자 한두 교사만 참석하는 일이 허다했다.

이때 영감을 준 것이 장곡중학교다. 장곡중학교는 2010년 혁신학교를 시작하자마자 매주 수요일을 5교시로 편성하고, 6~7교시를 교사들의 전문적학습공동체 시간으로 운영하고 있었다. 물론 수요일에 못한 6교시 수업은 다른 날 7교시 수업이 되기 때문에, 7교시가 있는 날이 하루 더 늘어난다는 단점은 있다. 그러나 전문적학습공동체가 수업 혁신에 꼭 필요하다고 생각했기 때문에 우리도 2011년부터 매주 목요일을 5교시로 편성하고 6~7교시를 전문적학습공동체 시간으로 운영했다.

수업의 변화가 목적이었기 때문에 당연히 전문적학습공동체는 수업 공개와 수업 연구회를 중심으로 운영했다. 전체 교사가 한 반의 수업을 함께 보고 협의를 하는 전체교사연구회, 각 학년 교사들끼리 한 반의 수업을 함께 보고 협의를 하는 학년교사연구회가 전문적학습공동체의 중심이었다.

전문적학습공동체가 시스템화되니, 모든 교사가 한 개의 수업을 함께 보고 수업 연구회를 할 수 있게 되었다. 한국에 배움의 공동체를 소개한 손우정 교수가 전체교사연구회의 수업 컨설팅을 몇 년간 꾸준히 해주셨고, 이것이 교사들의 수업 전문성을 높이는 데 크게 기여했다.

교사는 누구나 수업을 잘하고 싶다. 교사가 수업에 몰입할 수 있도

록 행정업무를 줄이고, 전문적학습공동체를 시스템으로 만들어 수업
연구회를 꾸준히 진행한다면 모든 교사는 수업 전문가가 될 수 있다.
보평중학교에서의 8년이 나에게 가르쳐준 사실이다.

외부와 연대하다

보평중학교의 수업혁신이 안착되는 데 외부의 도움도 컸다. 2010년
3월, 중등 혁신학교의 거점학교였던 이우학교의 수업 공개가 있었다.
이날 수업 공개에는 중등 혁신학교 교사들이 대거 참석했고, 보평중학
교는 임시 휴교까지 하고 전체 교사가 참석했다. 수업 공개가 끝난 후
협의회 자리에서 덕양중학교, 이우고등학교의 거점학교 담당선생님이
중등 혁신학교 교사 네트워크를 결성하자는 제안을 하셨다.

당시 중등 혁신학교의 대다수는 우리처럼 수업혁신을 중심에 두고
있었고, '배움의 공동체'를 실천하고 있었다. 전문적학습공동체를 시스
템으로 만드는 것도 혁신학교 교사 네트워크에서 배웠고, 수업혁신을
지속적으로 실천할 수 있었던 것도 네트워크 동료들 덕분이었다. 혁신
학교 교사 네트워크를 통해 많은 것을 배울 수 있었고, 그곳에서 만난
선생님들은 또 다른 동료가 되었다.

이때의 경험은 2013년 성남 혁신부장들의 자발적인 모임 결성으로
이어졌다. 보평중학교는 초창기 혁신학교였기에 혁신부장이었던 나는
주변 학교의 혁신부장들로부터 많은 전화를 받았다. 혁신부장들은 혁

신학교를 어떻게 운영해야 할지 모르겠다며 어려움을 호소하고, 자료 공유를 요청했다. 나 역시 과거에 혁신학교 네트워크를 통해 큰 도움을 받았기에 그분들을 도왔지만 혼자서는 한계가 있었다. 그래서 성남 혁신학교 네트워크를 결성하게 되었다.

네트워크에는 주로 중학교 혁신부장들이 참여했는데, 때로는 초등학교와 고등학교의 혁신부장들이 참여하기도 했다. 우리는 격주에 한 번씩 모여 각 학교의 어려움을 공유하고, 함께 해결책을 찾았다. 학교마다 상황은 달랐지만 부딪히는 어려움은 대개 비슷했고, 혁신부장이라는 연대의식이 서로의 동료성을 공고히 했다. 성남지역의 혁신학교가 자리를 잡는 데 이 모임이 큰 기여를 했다고 생각한다.

보평중학교 수업혁신의 또 다른 자극은 '한국배움의공동체연구회(대표 손우정)'의 결성이었다. 2011년 8월 사토 마나부 교수와 함께하는 '제2회 배움의 공동체 전국 수업 세미나'가 열린 것을 계기로, 한국배움의공동체연구회가 결성되었다. 연구회에서 주관하는 전국 운영진 워크숍이 1년에 4번씩 열렸는데, 우리는 매번 교장선생님까지 함께 10명 이상의 교사가 참여했다.** 운영진 워크숍에서 배움의 공동체를 실천하는 전국의 교사들을 만날 수 있었고, 지속적으로 배움중심수업을 실천할 수 있는 원동력을 얻을 수 있었다.

---

* 지금은 지역마다 혁신부장들의 네트워크가 있지만, 당시에는 혁신부장 네트워크가 없었다.
** 현재는 운영진 워크숍에 지역 대표만 참여할 수 있는데 당시는 제한이 없어 보평중학교 교사들이 대거 참석할 수 있었다.

그때 함께했던 선생님들은 이제 모두 보평중학교를 떠났지만, 지금도 일 년에 네 번을 한국배움의공동체연구회 운영진 워크숍에서 만나고 있다. 만나면 늘 친정 같은 보평중학교에 대한 이야기가 끊이지 않는다. 고마운 인연이다.

모두가 리더인 학교

지극히 평범한 교사였던 우리는 함께 교육과정을 만들고, 집단지성을 발휘해 학교의 크고 작은 일들을 해결하면서 어느덧 리더가 되어 갔다. 초창기 혁신학교 중에는 열정과 헌신을 갖춘 소수의 리더 교사가 학교를 이끌어가는 경우가 많았다. 그러나 보평중학교에 리더 교사는 없었다. 한 명 한 명이 모두 함께 만들어간 학교였다. 그것이 보평중학교의 힘이었다.

우리는 어려운 일이 생기면 전체 교사 토론회를 열어 함께 해결방안을 논의했다. 혁신학교에 대한 강의를 나가도 짝을 지어 갔고, 외부 손님이 와도 함께 나서서 학교를 소개했다. 혼자서는 감당이 안 되는 일도 동료들과 함께라면 두렵지 않았다.

평범한 교사들이 리더로 설 수 있었던 가장 큰 이유는 교장, 교감선생님의 전폭적 지원과 권한 위임이었다. 보평중학교에서 있으면서 두 분의 교장선생님과 두 분의 교감선생님을 모셨다. 네 분 모두 교사들을 믿고 중요한 결정을 위임하셨고, 문제가 생겼을 때는 본인이 나서서 책임을 지셨다. 교장, 교감으로서 혁신학교의 성과를 내야 한다는 부담감이 분명히 존재했을 텐데도 단 한 번도 조급함을 내색하지 않으셨다. 교사 한 명 한 명의 가능성을 일깨워주셨고, 존중해주셨다.

동료교사와의 협력과 교장, 교감선생님의 지원이 있었기에 혁신부장의 역할도 어려움 없이 수행할 수 있었다. 보평중학교에서 5년간 혁신부장을 하면서 다른 학교의 혁신부장을 만날 기회가 많았다. 혁신부장들은 혁신학교에 관련된 일들은 모두 자신의 업무로 온다며 어려움을 호소했다. 그럴 때마다 나는 다시 한번 깨달았다. 혁신학교는 소수의 리더가 만들 수 없다는 것, 모든 교사가 리더의 역할을 할 때 성공할 수 있다는 것을. 보평중학교에서는 모든 교사가 함께 소통하고 협력했기에 혁신학교를 어렵지 않게 운영할 수 있었다.

교사가 리더가 돼야 교육이 바뀐다

보평중학교는 2011년부터 혁신학교의 파일럿 스쿨 역할을 했다. 동남권 혁신거점학교, 연수원학교, 클러스터학교, 성남형 거점학교, 성남형 모델학교, 성남혁신학교연구회, 모범혁신학교, 최근의 미래형 혁신학교까지 말이다. 그래서 1년에 1,000명 이상의 외부교사가 학교를 방문했고, 많은 수업이 외부에 공개되었다.

그러다 보니 교사들은 늘 피로를 호소했다. 잦은 외부 수업 공개가 학생들의 배움을 방해하지 않을까 노심초사했다. 그러나 결과는 달랐다. 보평중학교가 외부로 학교 문을 열고 파일럿 스쿨의 역할을 했기에 모든 교사가 리더로 설 수 있었다.

우리는 흔히 리더의 역할이 무엇인지 먼저 알고 나서야 리더가 될 수 있다고 생각한다. 그러나 보평중학교는 초창기 혁신학교인 파일럿 스쿨이었기에 우리는 처음부터 혁신학교의 리더가 되어야 했다. 그렇게 리더의 역할을 하게 되니 자연스럽게 리더의 역할이 무엇인지도 알게 되었다.

수업이 수시로 공개되니 더 빨리 수업을 학생 중심으로 바꾸게 되었고, 활동지를 외부교사와 공유하다 보니 더 열심히 수업 연구를 하게 되었다. 외부로 나가 혁신학교에 대한 강의를 하게 되니 우리 모두의 책임감도 커졌다.

동료와 민주적으로 소통하고 협력하면서 혁신학교를 만들어본 경험은 교사로서의 자존감을 세우게 했고, 동료에게 존중받은 경험은 학생과 학부모에 대한 존중으로 이어졌다. 혁신학교에 대한 책무성은 우리 교육이 바뀌어야 한다는 책임감으로 나타났다. 보평중학교를 떠난 교사들은 지금도 민들레 씨앗처럼 혁신학교를 전파하는 역할을 하고 있다.

보평중학교에서 8년을 보내면서 나는 모든 교사가 리더가 될 수 있다는 것을 깨달았다. 모든 교사가 리더가 되어야 수업이 바뀌고, 학교문화가 바뀌고, 혁신학교가 성공하고, 우리 교육이 바뀔 수 있음을 배웠다.

모든 교사는 리더다!

배움중심수업으로
가는 길

한수현 2009. 9 - 2017. 2 보평중 근무

수업은 어렵다

    교사는 누구나 수업을 잘하고 싶다. 지식의 폭증과 변화의 속도가 빠른 4차 산업혁명의 도래 속에서 수업이 학생 중심이 되어야 한다는 것도 안다. 그러나 학창 시절 내내 강의식 수업만 받았고, 발령을 받고 나서도 강의식 수업을 쭉 해왔던 교사가 학생이 주체가 되는 배움중심 수업을 한다는 것은 정말 어려운 일이다.

나 역시 그랬다. 덕분에 방학은 이런저런 수업 방법에 관한 연수들로 채워졌고, 그래도 수업은 늘 어려웠다. 연수를 받을 때는 할 수 있을 것 같았는데 막상 내 수업에 적용하려니 잘 되지 않았다. 처음에는 새로운 수업 방법을 신선해하며 따라주던 아이들은 금방 싫증을 냈고, 교실은 난장판이 되었다. 그러면 나는 바로 강의식 수업으로 회귀했고, 또 다른 수업 방법을 배우기 위해 방학을 기다렸다. 개학을 하면 아이들은 늘 나에게 물었다.

"선생님! 이번에는 또 무슨 연수 받으셨어요?"

학생이 중심이 되는 배움중심수업

보평중학교 교사들은 처음부터 학생이 중심이 되는 배움중심수업이 혁신학교에서 가장 중요하다고 합의를 했다. 문제는 배움중심수업을 실현할 방법을 찾기가 어려웠다는 것이다. 강의식 수업만을 해왔던 우리에게 배움중심수업은 너무나 어려운 도전이었다. 그래서 함께 공부를 시작했다. 책도 읽고, 수업을 열심히 하고 있다는 학교도 방문했다.

그 속에서 만난 것이 '배움의 공동체'다. 배움의 공동체란 일본의 사토 마나부 교수가 1998년부터 시작한 학교개혁운동으로, '수업을 통해 학교를 바꾼다'는 슬로건을 내걸고 있다. 교사가 주도하던 수업을 학생 중심으로 바꾸고, 교사의 동료성을 바탕으로 일상적 수업 공개와 수업 연구회를 시스템으로 갖추어야 한다며 그 실천 방법도 보여주었다.

수업을 중심으로 학교를 개혁한다는 배움의 공동체는 우리가 생각했던 혁신학교의 방향과 일치했다. 전 교사가 일상적으로 수업을 공개하고, 학생의 배움을 중심으로 수업을 관찰하고, 수업협의회(수업 연구회)를 통해 배우는 전문가가 되어야 한다는 배움의 공동체는 수업혁신의 훌륭한 전략이라고 생각했다.

그러나 일상적 수업 공개는 교사들에게 큰 부담이었다. 그래서 도덕 선생님과 내가 먼저 시도해보기로 했다. 여유 교실을 이용해 도덕 교실과 역사 교실을 만들었다. 책상을 ㄷ자로 배치하고, 늘 교실 문을 열어 두었다. 1년간의 실험은 수업 공개에 대한 거부감을 없애는 데 기여했다. 동료들은 배움중심수업이 거창하지 않다는 것을 알게 되었다.

도덕 선생님과 나 역시 성장을 경험했다. 늘 수업을 열어야 하는 부담감은 철저한 수업 준비로 이어졌고, 동료들이 수시로 들어와 해주는 피드백은 배움중심수업을 정착시키는 데 큰 도움이 되었다. 물론 처음에는 좌충우돌하며 고민도 깊었지만, 그때마다 우리는 서로를 격려했다.

"저도 수업이 잘 안 돼요. 그러니 함께 고민해봐요. 일상적 수업을 공개하는 거니까 너무 잘하면 반칙이에요. 샘의 평상시 수업을 부담 갖지 말고 날것 그대로 공개해주세요. 우리 모두 다 비슷하니까 부끄러울 것도 없어요."

동료들의 진솔한 격려는 서로에게 힘이 되었고, 좌절할 때마다 다시 일어설 수 있는 원동력이 되었다. 덕분에 2011년부터는 전체 교사가 배움중심수업을 실천할 수 있게 되었다.

우리는 큰 희망을 안고 2011년 3월부터 ㄷ자로 전체 교사가 교실 책상을 배치하고 배움중심수업을 시도했다. 그러나 희망은 곧 절망이 되었다. ㄷ자 배치를 해놓자 아이들이 엄청나게 떠들었다. 칠판만 보였던 일제식 배치와는 달리 ㄷ자 배치는 앉은 자리에서 모든 친구들이 다 보이니 아이들은 눈빛을 주고받고 장난을 쳤다. 수업은 난장판이 되었고, 교사들은 당황했다.

배움중심수업을 해보겠다고 ㄷ자 배치는 했지만 수업을 완전히 바꾸지 못하고 강의식 수업을 하는 교사들도 있었다. 그러다 보니 아이들과 학부모의 항의도 이어졌다. ㄷ자 배치로 강의식 수업을 들으니 아이들의 자세가 비뚤어지고 목도 아프다는 것이었다.

이러한 문제를 해결하기 위해 전체 교사 토론회를 열었다. 전체 교사 토론회는 전문적학습공동체의 일환으로 매월 1회 정도 열렸다. 우리는 전체 교사 토론회에서 아이들에게 ㄷ자 배치를 하는 이유를 설명하고, 학급회의를 통해 아이들이 스스로 배움을 위한 다짐을 만들어 걸도록 하자고 합의했다.

아직은 강의식 수업을 하더라도 우리가 가야 할 방향이 배움중심수업이기에 ㄷ자 배치는 유지하자는 결론도 내렸다. 강의를 하거나 멀티미디어를 활용할 때는 아이들에게 의자를 앞으로 돌리게 하자고 합의했다.

아이들에게 ㄷ자로 배치하는 이유를 설명하고, 배움을 위한 다짐을 걸게 하자 아이들의 수업 태도가 몰라보게 좋아졌다. ㄷ자 배치 속에서 강의식 수업을 하기가 부담스러웠던 교사들도 더 빨리 수업을 학생 중심으로 바꾸었다.

교실에서 벌어진 대이동의 비밀

전체 교사가 배움중심수업을 시도하니 교과마다 모둠활동이 일상적으로 이루어지게 되었다. 교과마다 모둠이 다르면 아이들이 혼란스러울 거라 생각해서 모둠 배치의 권한을 담임교사에게 일임했다. 누구보다도 아이들의 성향과 관계를 잘 알고 있는 담임교사들은 모둠을 잘 배치했다.

거기까지는 좋았다. 문제는 모둠을 바꾸는 시기를 맞추기 어렵다는 것이다. 아이들의 요구를 우선시하는 담임들은 1~2주마다 모둠을 바꾸었고, 지속적인 관계성을 중시하는 담임들은 한 달마다 모둠을 바꾸었다. 게다가 전입생이 오거나 아이들 사이에 문제가 생기면 수시로 모둠이 바뀌었다. 그랬더니 교과 교사가 당황하는 일들이 발생했다. 수업을 학생 중심으로 바꾸면서 수행평가 비중이 높아졌는데 수행평가 도중에 모둠이 바뀌는 경우까지 생겼다.

이러한 문제에 대해 논의 끝에 우리는 일 년에 네 번 분기별로 모둠을 바꾸기로 했다. 아이들은 자주 모둠을 바꾸는 것을 원하지만 수업은 이벤트가 아니고, 모둠 속에서 아이들이 관계가 형성되려면 적어도 몇 달 정도의 시간은 필요하기 때문이다. 그래서 1학기 중간고사를 기점으로 모둠을 바꾸고, 2학기 시작과 2학기 중간고사 이후에 다시 모둠을 바꾸기로 했다.

그러자 아이들 사이의 관계가 안정되고, 모둠활동이 원활해졌다. 모둠을 바꾸는 시기가 명확하니 교과 교사의 혼란도 줄었다. 그러나 원하지 않는 위치에 앉게 된 아이들의 항의가 이어졌다. 매시간 책상을 돌려야 하는 앞쪽에 앉은 아이들은 불편함을 호소했고, 1모둠과 2모둠 쪽의 아이들은 멀티미디어를 볼 때 너무 힘들다며 항의했다.

대책을 세우기 위해 전체 교사 토론회를 열었다. 모둠은 분기별로 바꾸되 모둠 안에서 자리를 바꾸거나 모둠을 통째로 이동시키는 것은 담임교사의 재량에 맡기기로 했다. 담임교사들은 1~2주에 한 번 정도 앞줄과 뒷줄을 바꾸고, 1모둠을 2모둠으로, 2모둠을 3모둠으로 바꾸는 식으로 아이들의 요구를 수용했다. 아이들은 모둠 간의 자리 이동을 대륙 대이동이라고 불렀고, 골고루 모둠 위치를 경험한 아이들의 불만은 점차 사라졌다.

달라진 수업, 달라진 평가 방식

2011년 1학기 중간고사가 끝나자 무슨 일인지 모든 수업이 무너졌다. 분명히 중간고사를 보기 전까지는 열심히 모둠활동에 참여했던 아이들이 시험이 끝나자마자 수업과 관계없는 이야기를 하며 떠들었다. 당황한 교사들은 아이들에게 물었다.

"애들아! 왜 이렇게 떠드니? 너희들 그동안 열심히 했었잖아?"

아이들의 대답은 간단했다.

"어차피 시험에 안 나오잖아요."

심지어 당차게 따지기도 했다.

"샘! 뭐예요? 우리 생각이 중요하다며 만날 토론시키더니 막상 시험
은 다 교과서에서 나왔던데요?"

그제야 알았다. 수업이 바뀌면 평가가 달라져야 한다는 것을. 수업
을 학생 중심으로 바꾸다 보니 당연히 학생의 생각을 묻는 모둠활동
이 활발하게 이루어졌다. 문제는 이러한 활동을 평가로 연계하려면 논
술형 문제를 내야 했다. 하지만 당시만 해도 평가 기준도 모호하고 채
점의 부담이 큰 논술형 문제를 지필고사에 낸다는 것은 상상하기 어
려운 일이었다. 결국 1학기 중간고사는 객관식과 단답형 문제로 출제
되었고, 시험을 본 후 아이들은 어차피 시험에 안 나오니 모둠활동은
열심히 할 필요가 없다는 생각을 하게 된 것이다.

교사들의 고민은 깊어졌다. 전체 교사 토론회에서 열띤 토론 끝에
결국 지필고사에 논술형 문제를 내기로 합의했다. 덕분에 우리들은 경
기도의 다른 학교보다 2년 먼저 논술형 평가를 시도하게 되었다.*

논술형 문제의 효과는 놀라웠다. 아이들의 수업 태도가 몰라보게

* 경기도는 2013년도부터 중학교 논술형 출제를 의무화하였다.

좋아진 것이다. 대개 모둠 토론에서 했던 내용을 논술형 평가로 연계했는데, 이러한 문제는 교과서 수준을 넘어서는 수준 높은 내용이었기에 학원에서 가르칠 수 없었고, 문제집에도 없었다. 모둠 토론에 열심히 참여하고, 친구들의 이야기를 경청해야 논술형 답안을 쓸 수가 있으니 아이들이 더욱더 열정적으로 수업에 임하게 된 것이다. 평가가 목표가 아닌 교육의 과정이 될 때 아이들도 선생님도 성장할 수 있음을 배운 기회였다.

수업 시간에 졸던
민규가
달라졌어요

한수현 2009. 9 - 2017. 2 보평중 근무

내 수업이 재미없었나?

2011년 3학년 수업 연구회 때 일이다. 그날은 6교시에 3학년 1반의 수업 공개가 있었고, 7교시에 3학년 수업 연구회가 이어졌다. 수업 연구회에서 나는 민규(가명) 이야기를 꺼냈다. 민규는 내 수업 시간에 늘 졸음에 겨워 힘들어했던 아이였다. 그런데 그날 공개수업의 민규는 달랐다. 누구보다도 적극적으로 수업에 참여했다. 나는 수업 연구회에서 역사 시간에 늘 졸던 민규가 오늘 수업에 열심히 참여하는 걸 보면서 내 수업을 성찰하게 되었다는 발언을 했다.

그러자 기이한 일이 벌어졌다. 수학 선생님은 내 이야기에 동의한다며 수학 시간에도 민규는 늘 졸고 있다고 했다. 그러나 기술가정 선생님과 음악 선생님은 화들짝 놀라며 민규는 수업 시간에 매우 열심히 참여하는 학생이라는 것이 아닌가. 순간 우리는 민규를 졸게 하는 능력 없는 교사와 민규를 수업에 참여하게 하는 능력 있는 교사로 나뉘었고, 분위기가 묘해졌다. 그때 1반 담임선생님이 발언했다.

"민규는 오전에 잡니다."

아하! 역사와 수학 시간은 모두 오전이었고, 기술가정과 음악 시간은 모두 오후였던 것이다. 그러면서 이어진 담임선생님의 이야기는 우리를 숙연하게 했다. 민규는 작년에 부모가 이혼을 해서 현재 조부모와 살고 있고, 아직도 마음을 붙이지 못해 밤새 게임을 한다는 것이었다. 그러다 보니 오전에는 잠에 취해 있고, 점심을 먹은 후에야 비로소 잠을 깨는 것이란다.

사연을 들으니 민규에 대한 미움이 눈 녹듯이 사라졌다. 사실 그동안 나는 깨워도 깨워도 잠에 취해 있는 민규가 이해되지 않고 야속했다. 그런데 이런 사연이 있었다니……. 수업 연구회에서 우리는 민규를 모두가 함께 세심하게 보살피자고 합의했다.

그런데 놀라운 일이 벌어졌다. 몇 달이 지난 후부터 민규가 오전에도 졸지 않는 것이었다. 3학년 1반 수업을 하는 모든 교사가 민규에게 관심과 사랑을 쏟자 민규는 더 이상 잘 수가 없었다고 한다.

민규의 사례는 수업 연구회가 수업의 변화뿐만 아니라 생활의 변화를 이끌어낼 수 있다는 것을 보여주었다. 이후에도 학년교사연구회를 통해 생활교육을 한 사례는 많다. 이러다 보니 1학년보다는 2학년이, 2학년보다는 3학년이 훨씬 수업 분위기가 좋은 현상이 벌어졌다. 교사들의 학습공동체가 아이들을 배움으로 이끌어냈기 때문이다.

수업친구를 만들다

매주 이어지는 전문적학습공동체는 수업에 큰 자극이 되었지만, 일 년에 34번밖에 진행이 되지 못한다는 단점이 있었다. 결국 내 수업을 공개하고 동료교사에게 컨설팅을 받을 기회가 1년에 한 번밖에 주어지지 않는다는 것이다. 수업이 잘 진행되지 않는 상황이 발생해도 내 수업 공개 시간을 기다릴 수밖에 없었다. 이런 어려움을 호소하자 선생님 몇 분이 자발적 수업 동아리를 만들자는 제안을 하셨다. 일명 '수업친구'의 탄생이었다.

2012년 8명의 교사로 시작된 수업친구에서는 평상시의 수업을 함께 보고, 2주마다 모여 허심탄회한 대화를 나누었다. 수업 공개를 원하는 교사가 없는 주에는 독서토론을 했다. 자발적인 모임이었기에 서로 마음을 터놓고 자유로운 대화가 오고 갔다. 모임에서 논의된 내용은 다음 날 전체 교사에게 메신저로 보냈다. 수업친구에 나오지 못한 동료들을 위한 작은 배려였다. 이러한 노력 덕분인지 2013년에는 전체 교사의 절반이 수업친구에 참여하게 되어 학생 중심 수업의 정착에 크게 기여했다.

우리가 처음 전문적학습공동체를 시작했던 이유는 강의식 수업을 학생 중심의 수업으로 바꾸고자 한 것이었다. 그런데 전문적학습공동체를 통한 일상적 수업 공개와 수업 연구회는 평가를 바꾸게 했고, 학생의 생활교육을 가능하게 했다. 수업친구라는 자발적 동아리도 탄생시켰다.

평가가 바뀌니 배움중심수업이 더 탄탄해졌고, 동료와 함께하는 생활교육은 학생의 변화를 이끌어냈다. 교실에 갇혀 혼자 좌충우돌하던 우리의 모습은 서서히 바뀌어 갔다. 문제가 생기면 늘 누군가가 말했다.

"샘! 같이 해결해요!"

아직도
혼자
수업해요?

신승미 2016. 3 - 현재 보평중 근무

TF팀이 있는 학교

"저는 이번에 공개수업을 준비하면서 열한 번이나 수업 지도안을 고 쳤어요."

2019년에 대외 공개수업을 한 선생님이 자신의 수업을 성찰하면서 상기된 표정으로 이야기한다.

"사실 11회라는 횟수가 중요한 것은 아니지만 수업 지도안을 고치면서 수업 디자인하는 방법에 대해서 단시간에 많이 배울 수 있었어요. 그리고 그 과정에 함께 해주신 보평 배움중심수업 TF팀 선생님들께 너무 감사드려요. 혼자 준비하는 수업이 아니라 협력하고 도와주며 함께 만들어가는 수업이라는 느낌이 들었거든요."

그때 모둠토의를 하던 한 선생님이 벌떡 자리에서 일어나셨다.

"저는 이번에 K 선생님이 수업을 준비하시는 과정을 옆에서 시종일관 지켜봤어요. 수업을 공개하기 위해 아이들의 삶과 관련 있는 수업 주제와 자료를 연구하시고 수업 공개 마지막 날까지 발문의 표현까지 다시 손보는 선생님의 모습이 너무 힘들어 보였는데 오늘 수업에서 그 결실을 맺은 것 같아 기뻤어요. 정말 많은 것을 배우게 해준 수업이었어요. 그리고 수업을 공개할 때마다 동 교과 선생님들과 TF팀 선생님들이 함께 애써주시는 것을 보고 감동했어요."

TF팀? 회사에나 있는 TF팀이 학교에도 있다고? 그렇다. 보평중학교에는 배움중심수업 TF팀 선생님이 여덟 분이나 계시다.*

함께 위기를 넘다

보평중의 배움중심수업 TF팀의 출발은 2019년 2월로 거슬러 올

---

* 사실 이 숫자도 정확한 것은 아니다. 어떨 때는 열 명이 되기도 하는데 달이 지날수록 그 숫자가 점점 늘어나고 있다.

라간다. 2019년 보평중학교에는 유례없는 대량의 인사이동이 있었다. 보평중학교를 이끌어온 원년 멤버들 중 마지막 멤버가 떠난 해가 2019년 2월이었다. 혁신을 견인하고 배움중심수업에 대한 탁월한 노하우를 가진 선생님들이 모두 전근을 가며 전례 없는 위기에 봉착하였다. 게다가 보평중학교와 인연을 맺고 꾸준히 컨설팅을 해주시던 한국배움의공동체 손우정 교수님 역시 오지 않게 되면서 갑자기 지지대 없이 가는 줄기만으로 서야 하는 한 줄기 나팔꽃 같은 상황이 되었다. 구성원들의 위기의식이 높아지고 다들 불안감과 책임감에 보평중의 미래를 걱정하였다.

　나는 학교에서 가장 오래 근무했다는 이유로 새로운 혁신부장이 되었다. 하지만 혼자 힘으로는 역부족이었다. 그때 생각해낸 것이 집단지성이었다. 혼자는 못하지만 함께하면 된다! 2018년에 공개수업을 했던 선생님들에게 배움중심수업 TF팀이라는 이름으로 도움을 요청했다.

　3월 첫 공개수업은 영어과에서 하기로 했다. 교내 배움중심수업 TF팀 교사들이 시간이 날 때마다 공개수업을 준비하는 교사의 수업을 참관했다. 그리고 모두 한 번 이상 수업을 보았을 때 수업 디자인에 대한 협의회를 열었다. 국어, 기술가정, 체육, 도덕 등 다양한 교과의 선생님들이 영어 수업을 참관하고 다양한 시각에서 수업에서 배운 점과 수업 디자인에 대한 의견을 나눴다. 그렇게 해서 수정한 학습지를 가지고 다시 수업을 하고 그 후 영어과 선생님들이 수업을 참관한 후 다시 2차 협의회를 진행했다. 그 사이 학습지와 발문과 수업 디자인이 셀 수도 없이 바뀌었다.

그리고 운명의 수업 공개의 날이 돌아왔다. 걱정과 달리 영어 수업은 아이들의 배움이 충만한 수업이 되었고, 대외적으로 수업을 공개해야 한다는 부담감으로 긴장했던 선생님은 좋은 수업 디자인으로 많은 선생님들에게 영감을 주었다.

든든한 지지대가 되어준 배움중심수업 TF팀

TF팀은 목적을 달성하면 끝나는 것이 보통이니 성공적인 영어 공개수업 후 배움중심수업 TF팀의 역할도 거기서 끝나는 게 당연했다. 그런데 이게 웬일인가? 한 번으로 그칠 줄 알았던 배움중심수업 TF팀은 자발적으로 수업을 공개하는 선생님의 수업을 참관하기 시작했고, 수업을 위한 고민을 함께하는 집단지성의 노력은 계속되었다. 그리고 그것이 1년을 갔다.

보평중의 공개수업은 1년에 1회가 아니고 1년 내내 계속된다. 경기도 전역의 선생님들을 대상으로 하는 전체 대외 공개수업, 같은 학년 선생님들과 그 외의 경기도 선생님들을 대상으로 하는 학년 공개수업이 차례차례 그 순서를 기다리고 있다.

1학기에 5회 진행하는 대외 공개수업을 컨설팅하기 위해서는 준비하는 선생님들의 수업을 계속 시간을 내서 참관해야 한다. 그리고 협의회를 진행하고, 필요하다면 또 그다음 수업을 참관한다. 자신의 수업을 주당 20시간 정도 하면서 다른 사람의 수업을 참관하고 시간을 맞춰 협의회를 진행하는 일은 말처럼 쉬운 일이 아니다. 그리고 협의회는 힘껏 지성을 짜내 다양한 시각을 제시해야 하니 에너지 소모도 많다. 그럼에도 불구하고 먼저 수업을 공개한 선생님들이 자발적으로 다음 공개수업을 시간이 될 때마다 봐주었다.

어느 순간부터 수업을 공개하는 교사들은 당연하게 TF팀의 협조를 정중하게 부탁했고, 그 요청을 받은 TF팀에서는 적극적으로 다른 교사의 수업을 참관하고 수업 디자인을 함께 고민해주기 시작했다. 학교 전체의 배움중심수업은 집단지성으로 점점 수준이 높아져 갔고, 교사들 간에는 서로를 신뢰하는 분위기가 형성되어 갔다. 수업을 공개하는 현장에서는 TF팀에 대한 인사가 오고 갔다. 그리고 그 안에서 교사들은 혼자가 아니라는 생각, 내 뒤에 다른 사람들이 나를 든든하게 지지하면서 따뜻한 동료애를 발휘해준다는 믿음이 생겼다.

1년에 48시간의 전문적학습공동체는 여느 학교에서 진행하기 힘들 정도의 많은 연수 시간이다. 당연히 바쁘고 힘든 생활 속에서 많은 시간을 전문적학습공동체에 쏟는 것에 대해 불만과 서로에 대한 불신이 쏟아져 나오기 마련이다. 그러나 보평중학교에서는 거의 매주 전문적학습공동체 활동이 있고, 수업 공개든 전문가 강연이든, 교과협의회든 교사들의 수업과 학생상담을 지원하는 다양한 콘텐츠들이 있다.

2019년은 보평중 수업 공개라는 꽃이 배움중심수업 TF팀이라는 튼튼한 지지대를 감고 아름답게 피어나는 날들이었다. 그리고 그 속에서 교사의 진정한 성장과 아이들의 배움을 중심으로 하는 수업이라는 결실이 맺어졌다.

수업 공개라고
다 같은 건
아니다

박은경 2011. 3 - 2019. 2 보평중 근무

수업 공개, 몇 번이나 했을까?

보평중학교에서는 2011년부터 2019년까지 9년에 걸쳐 142명의 교사가 대외적으로 수업을 공개하였다. 이 수업을 참관하기 위해 9년 동안 보평중학교를 방문한 외부교사는 약 2,800명 이상으로 집계된다. 특정 외부인의 비정기적인 방문 요청으로 인해 비공식적으로 공개된 수업은 제외한 기록이다. 거기에 교내에서 동일 학년 담당교사들끼리

공유하는 수업과 동일 교과 담당교사들끼리 공유하는 수업이 9년 동안 136회 이루어졌다. 적어도 매년 대내외적으로 30회 이상의 수업이 공개된 셈이다.

이것은 곧 보평중학교 교사라면 매년 다른 교사, 다른 학년, 다른 교과의 수업을 10회 이상 참관한다는 것이며, 모든 교사가 대외적으로든 대내적으로든 년 1회 이상 수업을 공개한다는 것이다. 물론 어느 학교나 실시하고 있는 학부모 대상 학기별 1회 공개수업도 추가로 이루어진다.

수업 나눔만 1시간 40분

2011년 4월 28일 목요일 6교시, 모두 하교한 후지만 2학년 7반 학생들은 남겨져 과학 수업 준비를 하고 있다. 학생들은 약간은 억울해하면서도 이게 무슨 상황인지 어리둥절해한다. 수업을 참관하기 위해 보평중학교 전체 교원 43명, 외부교사 20명 무려 63명의 교사들이 24명의 학생들을 둘러싸고 있고, 캠코더로 수업 장면이 녹화되고 있다. 캠코더와 카메라가 들어올 때마다 어떤 학생들은 얼굴을 가리거나 피했고, 어떤 학생들은 손가락으로 V를 만들어 웃으면서 이 상황을

◦ 전국 교육지원청 연수, 교장단 연수, 교감단 연수, 단일학교 전체 교사 연수 등으로 인해 1년 평균 500명 내외의 외부교사가 비정기적으로 보평중학교를 방문했다.

즐기기도 했다.

45분 후 보평중학교의 첫 수업 공개가 끝났다. 학생들은 밝게 웃으며 간식을 하나씩 들고 하교하였고, 교사들은 연이어 진행될 수업 나눔을 위해 자리를 정돈했다.

대부분의 수업 나눔은 교사의 지도 방법, 즉 도구 사용, 목소리, 몸동작, 수업 구성과 수업 진행 등 쉽게 보이고, 쉽게 들리는 표면적인 것에 치중되어 진행된다. 또는 '좋은 게 좋은 거다'라며 각종 미사여구로 수업자의 기분을 좋게 해준다. 수업자는 수업 공개를 마치면 마음은 홀가분하지만 그렇다고 딱히 그 과정에서 배움을 얻었다기보다 왠지 희생양이 된 것 같다며 채워지지 않는 갈증을 호소한다.

그런데 보평중학교의 수업 연구회는 크게 달랐다. 손우정 교수님(한국배움의공동체 대표)과 함께 수업을 복기하듯 되돌리며 이 수업에서 관찰된 내용을 기반으로 자신이 얻은 배움을 전체 교사와 함께 나누는 장으로 수업 연구회가 운영되었다. 첫 번째 수업 연구회에서는 무려 1시간 40분 동안 수업 나눔이 진행되었으며, 이미 퇴근 시간을 훌쩍 넘겼지만 중간에 일어나 나가는 교사는 단 한 명도 없었다.

복기하듯 수업을 되돌리다

수업 나눔 시 크게 네 가지 맥락으로 수업을 관찰하고 분석을 한다. 첫 번째는 학생의 배움과 활동이다. '학생들이 어디에서 배우고 어디에서 주춤거리는가? 협동적인 배움이 일어나고 있는가? 서로 들어주는 관계가 잘 형성되어 있는가? 모든 학생이 참여하는가?'라는 관점에서 수업을 분석한다.

참관교사 첫 번째 탐구과제를 잘 몰랐는지 대각선에 앉은 미화와 수영이가 대화를 주고받았어요. 선생님의 설명이 이해가 되자 배움이 옆으로 갔어요. 미화는 경수를 가르쳐주었고, 수영이는 수철이를 가르쳐줬어요. 헷갈리던 부분을 이해했는지 경수가 "아! 터득했어, 드디어!"라고 외쳤어요. 경수라는 학생은 평소 산만하고 거의 필기도 하지 않는 학생인데 오늘 한 시간 동안 앉아 있는 모습에서 굉장한 집중력을 보였거든요. 미화하고 수영이의 도움을 받더니 마지막에는 경수 입에서 "아! 아! 아! 아!"라는 소리가 연거푸 나오더라고요. 알았다고 본인도 굉장히 뿌듯해했어요. 자신감을 얻은 경수가 모둠활동 두 번째로 넘어가자 "자, 이제 해보자!"라며 제일 먼저 시작을 하더라고요.

참관교사 학습지를 보고 어떻게 해야 할지 모르니까 수아와 영이는 계속 베끼기만 했어요. 물론 학생들이 알아가는 과정이 배움이기는 하지만 그래도 무엇을 할 건지, 무엇을 해야 하는지 조금만 더 설명해주셨으면 학생들도 빨리 알 수 있지 않았을까 생각했어요. 오늘은 참관하는 선생님들이 계시고 해서 베끼기라도 했는데 만약에 평소 수업이었다면 과연 어떻게 했을까 하는 생각도 들었어요. 특히 영이의 경우 처음부터 끝까지 한 마디도 하지 않았어요. 우리가 없는 상황이라면 영이는 거의 방치되지 않았을까요? 의도적으로 "네가 하나 써봐! 넷이 하나씩 써보자!" 등 교육이 들어간다면 이 학생도 작게나마 참여할 기회가 왔을 것 같아요.

두 번째 맥락은 교사의 활동이다. '학생 한 명 한 명의 이야기를 잘 듣고 있는가? 연결 짓기, 되돌리기는 어떻게 하는가? 불필요한 말과 행동은 없는가?'

참관교사 발표 순서를 정답에서 먼 모둠부터 했으면 어땠을까요? 애들이 문제점을 찾아내 답이 나오고 또 문제점을 찾아 수정된 답이 나오고 이런 식으로 연결 짓기를 했으면 아이들이 조금 더 캠의 원리를 궁금해하며 친구들의 발표를 잘 경청하지 않았을까 하는 생각이 들었어요. 그런데 정답에 가까운 모둠의 발표를 먼저 해버리고 문제를 해결하지 못한 모둠이 뒤늦게 발표를 하다 보니 6모둠 같은 경우는 결론을 내리기 전에 먼저 답을 들어버렸잖아요. 그래서 발표 순서를 정하는 것도 함께 고민해봐야 할 것 같아요.

참관교사 수업을 할 때 아이들의 해석을 존중해야 되기 때문에 다른 해석을 완전히 무시할 수가 없거든요. 그런데 아이들의 해석은 조금씩 부족해서 전부 융합하지 못하는 딜레마가 있어요. 그 부분에 있어서 학생 한 명의 풀이를 들어보고, 혹시 다르게 풀이한 아이가 있는지 조심스럽게 물어보고, 그런 다음에 또 다른 아이한테 두 사람이 풀이

한 내용 중에서 서로 다른 부분이 어디 있는지 물어보면서 연결 짓기를 해주는 것과 친구가 얘기할 때 경청하고 자신의 의견과 비교할 수 있도록 하는 과정이 잘 정돈돼 있고 계속 그렇게 해왔다는 것을 느꼈어요. 그리고 수업의 앞부분에서 궁금증을 일으키는 질문을 한 다음 그 내용이 본문에 있으니까 한번 잘 해석해보자라고 함으로써 아이들한테 동기를 확 불러일으켰던 점도 교사의 연결 짓기에 대한 힘이 있다는 생각이 들었고요. 많이 배웠습니다.

세 번째는 질 높은 배움과 수업 디자인이다. '교과의 본질을 다뤘는가? 가치 있는 텍스트이며 수준은 적절한가? 주제-탐구-표현활동이 이루어지고 있는가? 사고의 확장 심화(점프)과정이 일어나고 있는가?'

참관교사 우리가 문학을 배울 때 주입식으로 많이 배웠잖아요. 그런데 학생들이 자신의 내면을 알 수 있도록 자신의 이야기를 하도록 한 게 가장 좋았어요. 훌륭한 격언보다 서로의 마음을 터치할 수 있는 것이 좋았어요. 저는 과학을 가르치고 있는데 과학도 삶의 가치를 보는 거잖아요. 시를 통해서 삶의 가치를 보는 것처럼 과학에서 삶의 가치를 연결할 수 있는 부분이 뭐가 있을까 고민을 할 수 있었어요. 지금은 과학을 가르치고 있지만 문학을 굉장히 좋아했는데, 제가 좋아하는 시를 과학과 어떻게 연결할 수 있을까 생각해봤어요.

마지막으로 학생의 생활지도이다. '힘든 학생의 지도는 어떻게 해야

하는가? 각 교과에서의 학생들의 특성이 같게 나타나는가?'

참관교사 제가 제안을 하고 싶은 거는 민지랑 지희랑 너무 똑똑한 아이들 둘이 있다 보니까 충돌이 계속 있더라고요. 다른 아이들은 관망하는 자세고요. 민지랑 지희 둘 중에 한 명은 모둠을 바꾸면 어떨까요? 아니면 가운데서 다리 역할을 할 수 있는 학생 한 명 정도가 모둠에 들어가면 진행이 잘 될 것 같아요.

참관교사 정훈이는 정말 아는 게 많아요. 그 아는 걸 모두 다 수업 시간에 표현하고 싶어 하는데 2학년 들어와서 많이 참는 게 보여요. 30분쯤 얘기하고 싶은 걸 5분 정도로 줄인 거 같아요. 하루하루 이렇게 달라지는 모습을 보니까 너무 기특하고 대견했습니다.

참관교사 민수 같은 경우는 수학 시간에 잘 못 따라와요. 아무것도 못 쓰는 정도예요. 그래서 늘 윤수가 민수에게 알려주려고 해요. 그런데 오늘 정보 시간에 보니 민수도 어떻게 만들지 얘기를 하더라고요.

참관교사 민수한테 배드민턴을 가르치고 있는데 배드민턴 반에서는 우등생이에요. 배드민턴 수업에서 수준별로 4단계로 나눴을 때 1단계가 제일 잘하는 단계라면 1단계인 2학년 선배와 같이 칠 정도예요. 그런데 모둠활동을 할 때는 말도 거의 못 하고 몇 마디 하면 나머지 학생들이 그건 아냐 하며 웃고, 너무 안타까웠어요.

담임교사 민수가 몸이 좀 아파요. 그래서 많이 힘들어해요. 아침에도 1교시 때 오는 경우도 있고, 2교시 때 오는 경우도 있는데 체육이 들어 있는 날은 체육 시간에 맞춰 와요.

참관교사 민수가 학교생활을 즐겁게 하는 게 체육 수업 덕분이네요. 체육 선생님이 민수를 키우시는 것 같습니다.

수업 나눔은 수업 장면을 복기하듯 세심한 관찰과 분석을 요하기 때문에 45분 동안 참관하는 교사들의 눈과 귀 그리고 손은 수업자와 학생들과 함께 역동적으로 움직일 수밖에 없다. 학생들의 목소리를 자세히 듣기 위해 모둠활동 시 가까이 다가갔다 나왔다를 반복해야 하며, 전체적인 수업 흐름을 시간을 나눠 체크하고, 교사와 학생들의 대화 내용을 하나하나 그대로 기록한다. 수업 참관 후 내가 미처 기록하지 못한 부분은 다른 참관자들과의 모둠 대화에서 다시 채우고, 여기에서도 놓친 부분은 전체 공유에서 또 다시 채운다. 그리고 마지막으로 컨설턴트의 전문가적 소견을 통해 참관하는 교사도 거듭되는 성찰과 배움으로 성장하게 된다.

국어교사들의
의기투합

안주연 2012. 3 - 2017. 2 보평중 근무

자료, 생각 그리고 마음까지 나눈 시간

나는 2012년부터 16년까지 5년 동안 보평중에서 국어교사로 근무했다. 전국에서 한 해 천여 명 이상이 다녀가는 혁신학교에서 5년간 생활하면서 힘든 일도 많았지만, 교사로서의 내 존재를 확인하는 행복한 시간이었다. 특히 2015년에 함께했던 국어교사들과 죽이 잘 맞았다.

그 당시에도 보평중은 12월 말에 교내 인사 작업이 마무리됐다. 다

음 학년도에 내가 어느 학년을 가르치고 어떤 업무를 하는지 겨울방학 시작 전에 알 수 있으니 방학 동안 준비할 수 있었다. 국어과 선생님들은 방학 전에 모여 교육과정 재구성 계획을 세웠다. 학년을 걸치는 사람을 제외하고 나머지 세 사람이 각 학년의 교육과정을 재구성하고, 가르쳤던 자료를 나누고, 방학 중간에 모여 진행 상황을 점검했다.

그 겨울, 함께 연극을 보고, 피자와 파스타를 먹고, 지하철을 타고 이동하면서 어떻게 수업을 하면 좋을지 끊임없이 이야기를 나누었던 그 시간이 지금도 많이 그립다. 생각도, 자료도, 마음도 나누었기 때문에 모두들 설레는 마음으로 새 학기를 준비하지 않았나 싶다. 그리고 2월 신학기 준비 기간에 전입교사의 의견을 수렴해 수업과 평가 계획을 마무리했다.

국어과 교육과정을 재구성하며 무엇보다 중요시했던 것은 국어과의 배움의 본질과 정체성에 맞는 수업인지 확인하는 것이었다. 부끄럽게도 나는 대학 졸업 후 바로 고등학교에 발령받아 10여 년 이상 대입을 목표로 한 국어 수업을 하면서 교과에 대한 정체성에 혼란을 느꼈었다. 수능을 대비해 다양한 읽기 자료를 다루다 보니 내 수업 시간이 도덕 시간인지, 역사 시간인지, 과학 시간인지 모르겠다는 생각을 하곤 했다. 다른 보평중 국어교사들 또한 같은 경험들을 가지고 있었다.

그래서 우린 보평중 학생들의 특성과 지역의 특성을 고려해 핵심성취기준 선정에 공을 들였고, 각자 작년에 가르쳤던 학년의 수업과 평가에 대한 생각과 자료를 세밀히 공유하며 성취기준에 부합하는 수업과 평가 계획을 세우려고 노력했다. 한 단원 한 단원 어떻게 수업을 하고 수행평가를 했는지, 학생들의 반응은 어떠했고 수업자로서 어떤 문제를 느꼈는지, 자신이 사용했던 자료를 제시하며 오랫동안 이야기를 나누었다. 그리고 성취기준을 바탕으로 학년별 위계를 고려해 수업과 수행평가 계획을 함께 수립했다.

집단지성의 힘이 발휘된 국어과 공개수업

방학 때부터 공 들여 교육과정을 재구성한 덕분일까? 학기가 시작된 후 국어과 협의회는 아주 활발하게 이루어졌다. 계획을 함께했으니 수업 결과도 자연스럽게 나누게 됐다. 예상치 못한 학생들의 반응들을 나누며 수업 설계의 문제점들은 수정해갔다. 학년부장과 담임교사가 학년 교무실에서 같이 근무했기 때문에 가능했던 일이다. 공간 마련이 교사들 간의 협의에 얼마나 영향을 주는지 배운 경험이기도 하다.

공개수업도 이런 분위기의 연장선 위에서 이루어졌다. 그 해 공교롭게도 1, 2, 3학년 국어교사가 모두 공개수업을 하게 되었는데, 세 번의 수업 모두 국어교사들이 머리를 맞대고 단원 선택부터 수업 설계까지 함께했다. 그리고 공개교사가 계획한 수업을 다른 반에서 진행할 때 국어교사들이 참관해 수업 설계의 문제점을 찾아 함께 수정했다.

공개수업을 하면 참관교사는 학생이 배우는 모습과 교사의 가르치는 모습을 관찰한 후 협의하며 배우고, 공개교사는 준비 과정과 수업 협의회를 통해 배운다. 그 해 보평중 국어교사들은 모두 자기 수업처럼 준비했기 때문에 공개교사 이상으로 배우고 성장할 수 있었다.

오래전 일이지만, 3학년 수업 공개 후 참관교사들과 나누었던 이야기는 아직도 기억에 생생하다. '의견이 다른 상대와 타협과 조정을 통해 문제를 해결한다'는 성취기준 관련 단원으로 1차시 수업은 사람들은 모두 서로 다른 생각과 말하기 방식을 가지고 있으므로 상대에 대한 이해가 필요하다는 것부터 가르치는 게 좋겠다고 생각했다. 그래서 당시 인기 있었던 드라마 〈응답하라 1994〉의 영상을 활용해 남녀에 따른 말하기 방식의 차이점을 확인해보는 활동을 진행했다. 같은 상황에 대해 주인공인 남녀 대학생들이 각각 다른 말하기 반응을 보이는 에피소드였다. 수업을 마치며 학생들은 남녀 구분 없이 상대방에게 공감하려는 노력을 해야 대화가 가능하다는 걸 배우게 되었다고 이야기했다.

그런데 협의회 시간에 수업에 참관했던 남자 선생님 한 분이 이 수업이 남학생들에게 여성성을 강요하는 건 아닐까 걱정된다는 말씀을 하셨다. 예상치 못한 문제 제기에 수업 공개교사도 국어교사들도 순간 당황했다. '진짜 그런가? 교사들이 대부분 여자이다 보니 우리도 모르게 그렇게 가르치고 있나?' 나는 당황스러운 마음을 감추고 국어교사들의 논의 과정을 떠올리며 국어과 듣기·말하기 영역의 학년별 성취기준을 고려해 수업을 설계했음을 말씀드렸다. 공개한 수업에서는 학생들에게 대화의 기본자세를 확인하게 하려 했다고 설명했다. 앞으로 수업 설계 시 문제 제기하신 부분을 염두에 두겠다는 말과 함께. 수업을 공개한 교사만큼은 아니겠지만 처음부터 함께 고민했기 때문에 협의회 시간에도 깊은 이야기를 나누며 배울 수 있었던 것 같다.

국어과 교육과정을 재구성하고 공개수업을 준비할 수 있었던 건 국어교사들의 자발적인 노력 때문이기도 하지만, 교장, 교감선생님의 지지 덕분이기도 하다. 교장, 교감선생님은 국어교사들의 노력에 칭찬을 아끼지 않으셨고 적극적으로 의견을 수렴하셨다.

2015년 말 교장선생님께서 각 교과별로 지필평가에 서술형·논술형 문제를 80% 이상 출제하자는 제안을 하신 적이 있었다. 교장선생님의 의도는 충분히 이해가 됐지만, 국어과 내에서는 지필평가에서 서술형·논술형 문제 비율을 그렇게 높이는 것은 바람직하지 않다는 의견이 지배적이었다.

국어과의 경우 이미 촘촘히 계획을 수립해 과정 중심 수행평가를 60% 진행하며 서술형·논술형 평가를 실시하고 있었고, 단원에 따라서는 선택형 문제로 평가하는 것도 필요하다고 생각했기 때문이다. 평가 문화를 바꾸려는 교장선생님의 의도를 알기에 방안을 고민하다 그래도 한번 의논해보자는 생각에 교장선생님께 우리의 생각을 말씀드렸다. 그런데 교장선생님께서는 너무나 흔쾌히 국어과 평가 계획을 존중해주셨다.

국어과에서 계획만 세운 것이 아니라 제대로 실천하고자 노력하고 있다는 자신감도 있었지만, 방법이 조금 다르더라도 본질이 같다면 인정하고 적극 수용해준 학교 경영자가 있어 더 신나게 교과 연구를 하고 실천할 수 있었다.

2장

학생의 앎과 삶을
연결하는 학습배움터

제대로 읽고
깊이 있게
토론해보는 건 어때?

안주연 2012. 3 - 2017. 2 보평중 근무

국어과 교사로서 꿈꾸던 세 가지

국어과 교사들의 전문적학습공동체는 현재 보평중 국어과의 대표 프로그램인 '서평 쓰기'로 열매를 맺었다. 보평중에 근무하면서 국어과 교사로서 꿈꾸었던 것이 있다. 학생들이 보평중을 졸업하면 3년간의 서평 쓰기를 통해 논리적인 글쓰기를 할 줄 알고, '얘들아 시 읽자 프로그램(수업 시간마다 수업 시작 전에 다 함께 한 편의 시 읽기)'을 통해 시

를 감상할 줄 알고, 6번의 방학과제로 내준 고전작품 읽기를 통해 고전을 가까이 하게 되기를 바랐다. 국어교사들이 매년 함께해야만 가능했던 꿈이다. 세 가지 모두 정착되지는 못했지만 그래도 그중 가장 공들였던 서평 쓰기가 지금도 잘 실시되고 있어 뿌듯하다.

2012년 초빙교사로 보평중에 발령받아 국어교사들과 첫 협의회를 하던 날 보평중 독서활동지인 〈보람터〉를 소개받았다. 〈보람터〉는 학년별 권장도서와 일기 쓰기, 편지 쓰기, 상장 주기, 인터뷰하기 등의 다양한 독서활동 양식으로 구성되어 있었다.

그즈음 나는 국어과 서술형·논술형 문항개발 요원으로 활동하며 어떻게 하면 학생들이 자신의 생각을 논리적으로 표현하게 지도할 수 있을까 고민이 많았던 터라 국어과 선생님들에게 〈보람터〉의 구성을 서평 쓰기로 단일화하는 것을 제안했다. 다행히 국어과 선생님들 모두 독서교육에 대한 고민과 지향점이 비슷해 그 해부터 서평 쓰기를 시작했다.

2012년 〈보람터〉는 '책따세'나 독서교육연구회 등 독서교육을 고민하는 선생님들의 연구 자료를 참고해 구성했다. 핵심 내용 요약하기, 인상 깊은 장면이나 기억에 남는 문장 적기, 새로 안 내용이나 앞으로 생각할 내용 적기, 책과 관련해 보고 들은 세상 이야기나 자신의 이야기 적기 등의 활동을 한 후 앞에서 적은 내용들을 바탕으로 서평을 써보도록 했다. '읽기(1시간)→서평 쓰기(1시간)→공유하기(1시간, 모둠 후 전체)' 순으로 최소 3시간 정도를 할애했다.

2012년에서 2014년까지 3년 동안 매년 서평 쓰기에 대해 학생들의 의견을 수렴하고 국어과 선생님들과 협의해 서평 쓰기 방식을 조금씩 손봐 지도하면서 서평 쓰기는 보평중학교의 중요한 활동이 되었고, 현재까지 전 학년을 대상으로 서평 쓰기를 지속해오고 있다.

교과연계 독서수업으로 정착한 보평중 서평 쓰기

과연 우리의 의도대로 서평 쓰기를 통해 학생들의 생각하는 힘과 논리적인 자기표현 능력이 신장되고 있을까? 그동안 제기돼 온 문제들, '한 학기에 읽어야 할 권수가 너무 많다, 학생들 대부분이 그저 양식에 맞게 쓸 뿐 근거를 들어 책에 대한 자신만의 비평을 하지 못하고 있다, 서평에 대한 학생과 학부모의 반응이 좋아 많은 교과에서 서평 쓰기를 하다 보니 학생들이 너무 질려 한다, 그렇다면 국어과 서평은 다른 교과랑 좀 달라야 하는 것이 아닐까, 수업 내용과 관련 있는 책이긴 하나 수업과 직접 연결되기보다 독서수업이 추가된 것 같다.' 등을 해결하기 위해 우린 회의를 거듭했다.

우리가 서평 쓰기를 통해 학생들에게 가르치고자 하는 것은 무엇일까 의견을 나눴다. '독서를 통해 삶을 성찰하고, 친구들과 책에 대한 대화를 나누는 과정에서 경청과 존중의 자세를 배우고, 사고력과 문제해결력을 키우기'를 원하기 때문이라는 것을 재확인하고, 그 목표를 달성하기 위해 '교과연계 독서수업'으로 서평 쓰기를 해보기로 했다. 그래서 2015년부터는 서평 쓰기 방식을 대대적으로 수정했다.

국어과 성취기준과 연계한 서평 쓰기 방법

▶1단계: 이야깃거리 만들기

[활동1] 핵심 내용 요약하기

[활동2] 인상 깊은 장면 또는 기억에 남는 문장 적기

[활동3] 관련 단원 성취기준과 책의 특성·내용에 따른 생각 적기

    (예) 소설 〈내가 그린 히말라야시다 그림〉

      - 관련 성취기준 : 핵심2921-3. 다양한 자원을 활용하여 글의 내용 예측

      - 관련 활동 : 등장인물 '백선규'와 '여자아이'가 다른 선택을 했다면 어떻게 되었을지

        예측해보기

[활동4] 책과 관련된 세상 이야기나 자신의 경험 나누기

※ 활동 2~4는 각자 활동 후 모둠별 토의를 통해 서로의 의견을 공유함

▶2단계: 서평 쓰기

[활동5] 개요 작성 후 서평 쓰기

▶3단계 : 서평을 돌려 읽고 친구의 서평에 대한 나의 생각 쓰기

[활동6] 친구의 서평에 대한 나의 생각 쓰기

2015년 수정한 서평 쓰기의 방침과 방법의 핵심 키워드는 '성취기준과 연계해 책을 읽고 심화수업으로 서평 쓰기를 실시한다'는 것이었다. 그래서 새롭게 추가된 [활동3]에 가장 공을 들였다. '말하는 이의 관점에 주목해 작품을 수용'하는 것이 성취기준이라면, 함께 여러 편의 작품(시 2편, 소설 2편 등)에서 말하는 이를 찾고 그 특성을 파악하는 수업을 한 후, 스스로 소설 한 편을 읽고 서평을 쓰는 것이다.

다음은 2015, 2016년 2년 동안 서평 쓰기에 활용했던 도서들이다. 당시는 2009 개정교육과정이었으나 중학교는 2018년부터 2015 개정교육과정이 시작되었으므로 2015 개정교육과정 성취기준에 맞추어 수정해 소개해본다.

서평 쓰기 활용 추천도서 목록

학년	영역	관련 성취기준	교과서 외에 활용한 독서 자료
1	문학	[9국05-02] 비유와 상징의 표현 효과를 바탕으로 작품을 수용하고 생산한다.	《어린 왕자》(생텍쥐페리)
		[9국05-03] 갈등의 진행과 해결 과정에 유의해 작품을 감상한다.	《미안해 스이카》(하야시 미키, 놀) 《돼지가 있는 교실: 돼지 P짱과 32명의 아이들이 함께 한 생명수업 900일》(쿠로다 야스후미, 달팽이출판)
		[9국05-10] 인간의 성장을 다룬 작품을 읽으며 삶을 성찰하는 태도를 지닌다.	《너 같이 좋은 선물》(박불케리아, 예담)
2	듣기·말하기	[9국01-01] 듣기·말하기는 의미 공유의 과정임을 이해하고 듣기·말하기 활동을 한다.	《내 친구를 찾습니다-관계 맺기에 서툰 청춘에게》(몸문화연구소, 양철북)
		[9국01-02] 상대의 감정에 공감하며 적절하게 반응하는 대화를 나눈다.	《청소년을 위한 비폭력 대화》(김미경, 우리학교)
	읽기	[9국02-07] 매체에 드러난 다양한 표현 방법과 의도를 평가하며 읽는다	《수레바퀴 아래서》(헤르만 헤세)
			《십대, 고수답게 싸워라: 내 삶에 태클 거는 분노 해결법》(문지현, 김수경, 뜨인돌)
			《뭘 해도 괜찮아: 꿈을 찾는 진로의 심리학》(이남석, 사계절)
	쓰기	[9국03-07] 생각이나 느낌, 경험을 드러내는 다양한 표현을 활용해 글을 쓴다.	《국어 교과서 작품 읽기: 중2 시/소설/수필》(창비)
	문법	[9국04-03] 단어를 정확하게 발음하고 표기한다.	《100명 중 98명이 틀리는 한글 맞춤법》(김남미, 나무의철학) 《B끕 언어, 세상에 태클 걸다》(권희린, 우리교육)
	문학	[9국05-04] 작품에서 보는 이나 말하는 이의 관점에 주목해 작품을 수용한다.	《괴물, 한쪽 눈을 뜨다》(은이정, 문학동네)
3	듣기·말하기	[9국01-05] 토론에서 타당한 근거를 들어 논박한다.	《토론·면접·논술이 강해지는 반찬(反贊)》(유레카편집부, 유레카엠앤비)
	문학	[9국01-12] 언어폭력의 문제점을 인식하고 상대를 배려하며 말하는 태도를 지닌다.	《말 때문에 받은 상처를 치유하라》(그레이스 케터만, 미션월드라이브러리)

4차 산업혁명 시대가 시작되면서 교육계에서는 미래사회에서 요구되는 인재에 대한 논의가 활발하다. 그리고 모두 입을 모아 이야기한다. 풍부한 지식과 정보를 암기하고 있는 학생이 아니라 새로운 상황에 적응을 잘하고 창의적으로 사고하고 다양한 분야의 사람들과 협업할 수 있는 바람직한 인성을 갖춘 학생들로 성장시켜야 한다고. 그런 이유로 학생 스스로 의미를 구성하고 새로운 지식을 만들어내는 배움중심수업이 더 강조되고, 세상을 보는 안목과 인간을 이해하는 능력인 인문학적 소양 교육에 대한 관심이 더 높아지고 있다. 나는 교과연계 독서수업이야말로 배움중심수업을 실천하고 학생들의 인문학적 소양을 높일 수 있는 대안이라고 생각한다.

독서는 수업과 연결될 때 효과가 훨씬 뛰어나다. 권장도서 목록을 제시하고 학생들에게 읽으라고 하면 대부분의 학생들은 독서를 하지 않는다. 수행평가에 반영한다고 하더라도 각자 독서를 하게 한 후 글을 쓰게 하는 것에 그치면 깊이 있는 배움이 일어나지 않는다. 각 교과별로 교육과정을 분석하고 학년과 단원의 특성에 맞는 도서를 선정하여 성취기준과 관련지어 독서수업을 하는 것이 필요하다.

현재 보평중에서는 국어과뿐만 아니라 타 교과에서도 이와 같은 시도를 하고 있는 것으로 알고 있다. 각 교과 교사들이 머리를 맞대고 함께 교육과정을 재구성하고 실천하며 끊임없는 대화를 통해 수정하고 대안을 찾으려고 노력한다면, 우리 학생들을 지성과 인성을 함께 갖춘 미래사회의 주인공으로 성장시킬 수 있지 않을까 싶다.

우리는 장작불 같은 거야.
몇 개 장작만으로는 불꽃을 만들지 못해.

장작은 장작끼리 여러 몸을 맞대지 않으면
절대 불꽃을 피우지 못해.
여러 놈이 엉겨 붙지 않으면
쓸모없는 그을음만 날 뿐이야.

내가 좋아하는 백무산의 시 〈장작불〉의 일부이다. 국어교사로서 내 정체성을 확인하고 가르침의 행복을 느낄 수 있었던 시간들! 함께 고민하고 실천했을 때 배움의 질이 어떻게 달라지는지 배우고 교사로서 한층 성장하게 해준 그 시간들을 함께한 국어 선생님들을 생각하며, 많은 교사들이 그 행복함을 느끼길 바라본다.

서평 쓰기의
변신은 무죄

김영선 2011. 3 - 2017. 2 보평중 근무

선생님, 서평 쓰기 말고 다른 독서활동을 해요!

어떻게 하면 각 교과의 독서활동을 활성화할 수 있을까? 처음 1~2년 동안 교과연계 독서활동을 할 때는 국어과의 서평 쓰기를 모방하여 줄거리와 인상 깊은 구절 쓰기, 개요 맞춰서 글쓰기의 활동을 주로 하였다. 그러다 보니 비슷한 독서활동을 하루에도 몇 시간씩 하는 날도 생기면서 학생들은 불만을 토로하였다.

그래서 2017년 1학기 대토론회 때는 '교과연계 독서활동의 활성화'를 주제로 각 교과의 활동을 소개하고, 어떻게 변화를 꾀하려는지 발표하는 등 실질적으로 서로 도움을 주고받을 수 있는 정보를 공유했다. 사전에 설문지로 학생과 학부모 들의 의견을 수렴하고, 교사들도 과목별로 모여 1학기 교과연계 독서활동에 대해 평가를 하고 성찰하며 대안을 생각한 다음 대토론회에 임하였다.

과목의 성취기준에 맞게 책을 선정하고 활동지를 만드는 일은 쉽지 않았지만, 독서활동이 학생들에게 교과서를 넘어선 배움의 기회를 제공하는 뜻있는 일이라 모두 동참했다. 그렇게 끊임없는 논의와 성찰 끝에 독서활동을 교과의 특성과 성취기준에 맞게 변신시키는 데 성공했다. 타 교과 교사들의 의견도 묻고, 독서수업을 참관하며 같이 활동지를 개선했던 과정은 정말 감동 그 자체였다. 특히 명퇴를 앞두신 수석선생님(수학)의 노력은 존경할 만했다. 매시간 학생들의 피드백을 받아 완성도 높은 교과연계 독서활동지를 만드셨다.

교과연계 독서활동을 끊임없이 보완하고자 노력했기에 보평중의 교과연계 독서활동은 현재까지 사회, 역사, 도덕, 과학, 기술가정, 수학 과목에 이르기까지 광범위하고 지속적으로 이루어지고 있다. 역시 협력의 힘은 컸고 변화하고자 하는 열정과 의지는 빛을 발했다. 그 열매들은 오롯이 학생들에게 돌아갔다. 교사 또한 책을 선정하고 활동지를 만들면서 교과서 밖의 드넓은 세상을 접할 수 있는 기회를 갖게 되었다.

1학년 기술가정 선생님은 방학 동안 독서활동에 대해 공부하고 마침내 한 달에 걸친 독서 프로젝트 활동을 실시하였다. 학생들은 책 내용을 읽고 시대별 여성사를 카드뉴스로 만들고, 나라별 여성복지정책을 홍보하는 활동을 한다. 이 활동을 통해 책을 한 번 더 볼 것이고, 자기만의 생각을 보태므로 결국 책과 독서활동을 통해 나를 만나고, 대상을 만나고, 세상을 만나는 활동으로 나아가게 된다.

보평중학교에서 4년째 근무 중이신 도덕 선생님은 '도덕과 나의 삶'을 연결 지을 수 있는 독서활동을 하고 있다. 학생들의 독서 수준을 고려하여 상, 중, 하 3단계로 나누어 책을 구비해 둔다. 《서양철학사를 보다》를 읽고 가장 인상 깊은 부분을 소개할 때, 소크라테스의 죽음과 관련한 연극을 했을 때가 가장 기억에 남는다고 했다.

사회 선생님은 1학년, 3학년 2개 학년에 걸쳐 배운 사회 과목 내용을 5개(인권, 세계화, 경제, 법, 분쟁) 분야로 나누어 관련 독서를 실시한다. 1학기에 독서 내용이 2학기에 찬반 토론 수업으로 연계되기 때문에 학생들이 이를 염두에 두고 수준별로 책을 선택한다. 3학년 사회 3단위 수업에서 1단위를 사회 탐구 시간으로 별도 운영하며 독서 시간을 확보했기 때문에 가능한 활동이다.

역사 선생님은 2학년 역사 시간에 8개 분야의 주제로 역사 독서활동을 진행한다. 모둠별로 같은 책을 매시간 30분씩 책을 읽고 15분간 글을 쓴다. 활동지 내용 중에 친구들과 같이 얘기하고 싶은 주제를 적는 것이 제일 좋은 활동이라고 여긴다. 활동지에 하는 교사의 줄긋기, 멘트 달아주기가 학생의 성장과 독서에 대한 집중력을 키우는 데 적절한 피드백으로 작용한다. 책읽기 중간 점검 시간을 통해 읽은 내용과 주제 질문 만든 것을 나누며 친구들끼리 책읽기 피드백도 진행한다. 잊지 못할 일은 역사 시간에 책을 왜 읽느냐고 따지며 책읽기를 싫어하던 학생이 《빼앗긴 오월》이라는 책을 읽고 감동을 받아 이후 책 읽는 시간을 소중히 여기게 된 것이라 한다.

역사 선생님은 "역사는 역사적 상상력이 중요한데 교과서는 건조해요. 역사 주제 독서를 하면 학생들은 인물에 대해 감동을 받아요. 그래서 다시 역사책으로 돌아왔을 때 학생들의 가슴에는 역사적 상상력이 생기게 돼요. 예를 들어 김구에 대해 다룬다면 《백범일지》를 읽어요. 그러면 당시 시대에 대한 이해와 사람에 대한 이해가 깊어지고 '나라면 어떻게 했을까'를 자연스럽게 고민하게 되지요."라고 말한다.

도덕, 사회, 역사 과목의 선생님들은 교과의 본질이 무엇인지 정확히 알고 있다. 그래서 교과의 본질과 핵심역량에 걸맞은 독서활동을 깊이 고민하고, 학생들과 이야기를 나누며 더욱 정교해지는 독서활동을 추구하고 있다.

교과연계 독서활동의 마법

보평중 학생들도 독서활동에 매우 만족스러워한다.

"독서활동을 통해 몰랐던 책이나 관심이 없던 장르도 읽게 되고 글 쓰는 능력이 향상되어서 좋아요. 역사 인물을 다룬 책을 통해 인물을 이해하고 역사 공부가 왜 필요한지도 알게 되었어요."

"보평중의 독서활동은 잠자는 것과 같아요. 잠을 자며 재충전을 하듯이 책읽기도 공부를 잠시 쉬는 것 같지만 저를 좀 더 발전할 수 있게 해주거든요."

"저는 책을 읽고 반 전체 공유를 통해 한 권의 책으로도 다방면으로 생각할 수 있는 게 참 좋아요. 또 독서로만 끝나는 것이 아니라 역사 시간에 읽은 것이 국어 수행평가에 도움이 된다거나 토론을 할 때 근거 자료로 가져와서 활용해요. 이렇게 서로 연관시킬 수 있는 게 더욱 도움이 돼요. 책을 읽으며 모둠활동을 많이 해서 인간관계를 잘 맺는 방법도 배울 수 있어요."

각 과목에서 읽은 내용을 학생들이 자신도 모르게 자연스럽게 통합해서 필요할 때 꺼내 활용하는 것은 얼마나 대단한 일인가? 교과연계 독서활동의 마법은 무엇일까? 교사들이 교과서에 머무르지 않고 끊임없이 배우는 교육 전문가로 탄생하게 만드는 것, 학생들 또한 교과서를 넘어 서서 그야말로 점프할 수 있는 배움을 얻는 것, 청소년기에 중요한 가치관과 인생관, 세계관을 점검해주고 타인과 관계 맺는 것, 문제해결 능력을 심어주는 것까지, 이 모두가 독서활동의 마법이다.

어떻게
책 읽는 습관을
키워줄까?

곽원규 2009. 9 - 2013. 8 보평중 교장

몇 번을 강조해도 지나치지 않는 독서습관

　학생들에게 독서습관 정착은 자기주도적 삶의 태도 함양, 민주시민 육성이란 측면에서 매우 중요하다. 하지만 많은 학교에서 사서(교사)가 주관하는 다양한 독서 관련 행사를 보면 일부 학생들만 참여한다. 또 참여자를 분석해보면 이미 독서습관이 정착된 학생, 독서의 중요성을 인식한 부모에게 떠밀려온 학생, 상급학교 진학과 관련하여 학생부에

잘 기록되기 위해 온 학생 들이다. 공교육은 일부 학생만을 위한 교육이 아니다. 그래서 보평중학교에서는 더 많은 학생들이 독서습관을 키우기 위해 다양한 시도를 했다.

첫째, 도서관 활용 수업을 추진하였다. 1학년 국어, 2학년 영어 교과는 주 1회 도서관에서 책읽기를 필수로 하게 하였고, 그 외 교과는 교과 교사의 필요에 따라 도서관 활용 수업을 하도록 하였다. 이때 사서의 역할이 매우 중요하다. 도서관 활용 수업 때 사서는 협력교사 역할을 하도록 하였고, 교과 교사가 필요로 하는 학습 자료를 구입해주고, 아이들을 밝게 맞이할 것을 부탁하였다.

둘째, 아침 독서시간을 가졌다. 8시 20분부터 8시 50분까지 30분간 예외 없이 매일 실시하였다. 담임교사가 없으면 학생들이 책을 읽지 않는데, 당시 출근시간이 8시 30분이라 일찍 오라고 담임교사에게 강요할 수 없었다. 그래서 학년부장에게 부탁하여 매일 순회를 하며 담임교사가 없는 교실은 조용히 책을 읽게 하되 담임교사를 질책하거나 싫어하는 신호를 보내지 말라고 했다. 다행히 대부분의 선생님이 일찍 와서 학생들과 함께 책을 읽었다. 교장이 할 일은 아침 독서시간에 교사와 학생 모두 독서 이외의 다른 일을 못 하게 하는 것과 필요한 책을 즉각 구입하게 하는 일이었다.

셋째, 도서관을 상시 개방했다. 사서교사도 출장을 가거나 연가를 낼 수 있기에 그런 경우에는 행정실무사, 사회복무요원이 전담하게 했고, 방학에는 근무조 선생님 2명 가운데 1명이 출근과 동시에 도서관에서 근무하였다.

교과독서, 아침독서와는 별개로 사서교사가 학생의 독서습관 정착 프로그램을 기획하여 추진하도록 했다. 학교 독서토론 동아리, 월 1회 도서관 소식지 발행, 방학 독서토론 캠프(5일 30시간 운영), 아침독서 우수학급과 다독학급 표창, 작가와의 만남, 도립성남도서관 MOU 체결, 독서골든벨, 지역사회 공공도서관과 연계한 방학 중 책읽기 운동, 독서마라톤 대회, 9월 독서의 달 행사, 세계 책의 날 행사, 도서 원화 전시회, 사이버 독후활동 공모, 국립청소년도서관 인문학 강좌 참가 등을 통해 독서습관을 정착시키려고 노력하였다. 이 같은 노력의 결과로 2011년과 2012년 전국 학교도서관 운영 평가에서 문화체육관광부 장관 기관 표창을 받는 기쁨도 누렸다.

여름방학 독서토론 캠프를 기획할 때의 일이다. 사서교사가 오전에 3시간씩 이틀간 6시간 운영하는 계획을 세워왔다. 이 정도로 효과가 있을까 싶어 기간과 시간을 더 늘릴 것을 요구하니 3일 9시간으로 변경하여 왔다. 최소 1주일(5일) 프로그램은 운영해야 아이들이 독서의 즐거움을 느끼지 않겠냐고 의견을 내니 사서교사가 난감해했다.

"그러면 점심을 해결하는 것도 문제고, 방학 중 국어 선생님의 협조도 필요해요. 제일 큰 문제는 학생들이 방학 때도 학원을 가기 때문에 참여자가 없을 거예요."

학교 교육 계획이 학원 때문에 안 된다는 말에 화가 났다.

"요즘 학부모들은 현명해서 프로그램의 질을 보고 참여 여부를 결정할 거예요. 그러니 우리 프로그램으로 승부를 걸어봅시다."

그렇게 사서교사와 함께 5일 30시간 독서토론 캠프 계획을 완성하였다. 계획된 인원은 모집되었으나 예상대로 공부하기 싫은 학생들이 대거 참여하였다. 오히려 좋은 일이었다. 덕분에 아이들은 여름방학 동안 책읽기가 노는 것만큼 재미있다는 것을 배웠으니까 말이다. 프로그램이 좋으니 참여한 학생들이 친구들과 부모들에게 자랑을 해서 이후 방학 독서토론 캠프는 인기 프로그램이 되었다.

진로엑스포
이야기

김혜영 2012. 3 - 2018. 2 보평중 근무

진로체험 프로그램, 진로엑스포

 2011년 진로진학 상담교사 선발 공문을 접하고 상담교사라는 단어에 끌려 진로진학 상담교사로 전환하게 되었다. 진로상담 관련 교육 연수를 받고 2012년 보평중학교에서 진로진학 상담교사로 근무를 시작했다. 진로교사로서의 첫해는 학생 눈높이에 맞는 진로체험 프로그램 기획에 많은 부담을 느낀 해였다.

보평중에서 가장 대표적인 진로체험 프로그램은 '진로엑스포'이다. 진로엑스포는 각 분야의 직업인을 강사로 초청하여 학생들이 다양한 직업을 탐색하고 이해하도록 돕는 프로그램이다. 학부모 및 지역인사의 교육 기부가 중심축이 되어 진행된다. 보평중 학부모가 다양한 직업에 종사하고 있고, 지역사회에 많은 인적 자원이 존재한다는 특성을 반영한 프로그램이다. '교육공동체인 학부모 또한 교육활동에 적극 참여하는 것이 바람직하다'는 곽원규 초대 교장선생님의 교육 소신에도 부합했다.

학생들은 다양한 강의 중 본인이 희망하는 강의를 두 가지 선택해서 듣는다. 보평중 진로엑스포의 힘은 바로 여기서 나온다. 학생들은 일괄적인 강의를 수동적으로 듣는 것이 아니라 자율적인 선택에 의해 강의에 참여한다. '주어진 강의'가 아닌 자신의 진로희망을 기반으로 '선택한 강의'는 부모나 교사의 천 마디 조언과는 비교할 수 없는 힘을 가진다.

진로엑스포의 영향력은 어느 해 2학년 한 학생을 통해 확인할 수 있었다. A는 수업활동에 거의 참여하지 않고 늘 머리카락을 빗질하며 앉아 있는 무기력한 학생이었다. 학생의 무기력함이 염려되어 표준화 검사 결과를 토대로 진로상담을 했다. A는 헤어디자이너가 되고 싶다 했다. 나는 그 꿈을 적극 지지하며 진로엑스포 때 헤어디자이너 강의를 듣고 미래를 위해 무엇을 준비할지 찾아보라고 조언했다.

진로엑스포가 끝나고 며칠 뒤, A의 어머니가 감사 인사를 하고 싶다고 진로상담실을 찾아왔다. 이유인즉 A가 진로엑스포에서 헤어디자이

2017년 진로엑스포 운영 현황

순번	강사	강의 주제	대상 학년
1학년	이O복	산업의 쌀 반도체, 우리 곁에(미래 산업)	1학년
	홍O숙	대한민국 육군에서 꿈을 펼쳐라	1학년
	박O주	카피라이터에서 태양광 발전소 CEO까지	1학년
	조O혜	패션디자이너의 길	1학년
	혜인	계율을 벗어난 스님	무학년
	허O성	의사가 되는 길, 미래 의료의 변화	1학년
	김O운	한의사가 되기까지	1학년
	김O무	과학기술자로 산다	1학년
2학년	송O광	4차 산업과 미래교육(코딩 전문가)	2학년
	박O규	인천공항의 성공 사례	2학년
	이O수	정신과 의사가 되는 길	2,3학년
	김O희	교사의 역할과 보람	무학년
	임O선	방송구성작가의 세계	2학년
	김O은	음악 치료사(심리 치료)	2학년
	이O민	캘리그라피 여행	2학년
	이O윤	특허청에서 하는 일(변리사)	1,2학년
3학년	안O상	야탑 지구대(경찰관)	3학년
	유O순	바리스타가 하는 일	3학년
	김O균	은행의 업무와 역할	3학년
	O 아	내 인생의 올바른 길은 누가 정해줄까?(헤어)	2,3학년
	손O랑	국가대표 운동선수가 들려주는 이야기(다이빙)	3학년
	이O기	목사 같지 않은 목사!	무학년
	박O목	게임 개발 회사	3학년
	최O희	언어 치료사	무학년
	조O민	생활 속 세금 이야기(세무사)	3학년
	사O윤	아픈 사람과 인생을 배워가는 의료인	3학년
특별실	송O현	뷰티 and 이미지 메이킹	2,3학년
	O 승	광고, 영화 제작 이야기	무학년
	김O철	육군항공학교 비행전담	무학년
	김O한	20대 형, 오빠가 들려주는 진로 이야기	무학년
	백O희	2030 보평 배틀 알파고 대 의사	무학년

너의 강의를 들은 후 일반계 고등학교에 진학하기 위해 공부를 하겠다고 했다는 것이다. 어머니가 가신 후 학생을 불렀다.

A의 이야기를 들어보니 진로엑스포에 온 헤어디자이너 강사가 미용 관련 분야를 특화하여 배우는 것은 대학 진학 이후에도 늦지 않다고 여러 가지 이유를 들며 지금은 다양한 공부를 해보라 했다는 것이다. 인터넷 검색을 통하여 얻은 정보로 막연하게 미용고등학교에 진학하고자 했다가 현직에 종사한 강사의 살아 있는 조언이 큰 울림이 되어 단편적 지식으로 결정한 진학 선택을 다시 고려했단다. 이렇듯 진로엑스포는 현장에 있는 강사가 진로 및 직업에 관해 학생에게 설득력 있고 유용한 조언을 직접 제공하는 기회가 되었다.

삼고초려도 마다하지 않은 강사 섭외

진로엑스포의 가장 큰 어려움은 다양한 직군의 강사 섭외였다. 2014년 대토론회 때 많은 교사가 진로엑스포 강사 섭외에 대한 어려움을 토로했다. 차라리 진로부에서 예산을 써서 일괄적으로 섭외를 하면 어떻겠냐는 의견도 나왔다. 그렇게 되면 교육의 동반자인 학부모와 지역사회가 함께하는 진로엑스포의 의미가 퇴색된다고 반대하는 의견도 나왔다. 토론 끝에 어렵더라도 학생의 성장에 도움이 된다고 하면 교사가 진로엑스포 강사 섭외를 직접 하자고 결론을 내렸다.

2017년 진로엑스포 강사 섭외가 시작되었다. 전 교사와 관리자까지 모든 네트워크를 활용하여 진로엑스포 강사 섭외를 위해 적극적으로 노력했다. 1차로 학교 내 다양한 직업(전문상담교사, 보건교사, 사서교사, 영양사, 관리소장 등)을 강사로 섭외하고, 2차로 학부모를 대상으로 섭외를 했다. 3차는 2차까지 확보하지 못한 직군의 강사를 관내 기관 및 사업장으로 직접 전화하여 진로엑스포의 취지를 설명하고 초빙했다.

학교 앞 동물병원의 수의사를 강사로 섭외할 때의 일이다. 부장교사 세 명이 차례로 수의사에게 전화를 했지만 바쁘다고 거절을 했단다. 진로교사인 나도 용기를 내어 전화했으나 역시나 도저히 시간을 낼 수 없다고 했다. 수의사를 꿈꾸는 학생들을 생각하면 그냥 물러설 수 없었다. 그럼 수의사가 꿈인 학생 열 명가량을 인솔해 동물병원으로 직접 가면 안 되겠냐고 물었다. 우리의 간절함이 전해진 걸까. 그 말을 들은 수의사가 학교로 나오겠다고 하여 극적으로 섭외가 이루어졌다. 정말 기쁜 순간이었으며 동시에 강사 섭외로 진땀을 뺀 사례였다.

강사 섭외가 되었다고 끝이 아니다. 진로교사로서 강사들의 강의가 학생들에게 효과적으로 전달될 수 있도록 세심히 살펴야 했다. 당연하지만 대부분의 강사가 혁신학교의 특성과 청소년기인 학습자에 대한 이해가 부족하다. 그래서 강사가 당황하지 않도록 보평중학교의 ㄷ자형 교실 배치와 배움중심수업에 익숙한 보평중 학생들의 특성을 설명

• 2017년부터는 학부모 자치를 자치답게 운영을 하고자 하는 홍기석 교장선생님의 방침에 따라 강사 섭외를 학부모회에서 하게 되어 교사는 다소 부담을 덜게 되었다. 학부모 회장님의 적극적인 노력으로 종교계를 비롯하여 다방면의 지역사회 인사가 초대되었으며 해가 거듭할수록 다양한 직업군의 강의를 들을 수 있었다.

했다. 학생들의 눈높이에 맞는 강의가 되도록 강의 당일 아침까지 지속적으로 연락하며 강의 내용 선정부터 사소한 팁까지 긴밀히 협의했다. 강의를 들은 학생들의 소감문을 정리해 수고해주신 강사님께 보내는 일로 진로엑스포는 마무리된다.

한 학생이 강사로 초빙된 부모님의 강의를 들으면서 부모님이 하는 일을 잘 몰랐었는데 강의를 듣고 부모님이 자랑스럽게 느껴졌다며 앞으로 부모님 말을 잘 듣겠다고 해서 웃었던 기억이 난다. 교사로서도 직업에 대한 애착이 느껴지는 뜨거운 강의에 존경심이 우러나왔다. 또한 교장선생님을 비롯하여 전 교사가 의기투합하여 강사 섭외를 할 때는 공동교육목표를 향한 교직원의 결속력을 느꼈으며, 지역사회 자원을 강사로 활용하여 학부모 및 지역사회가 보다 친밀하게 다가왔다.

학부모와 지역사회, 교육공동체가 함께 하는 교육은 학교의 신뢰를 높이고 학생의 진로 발달에 긍정적인 영향을 끼친다는 점을 진로엑스포를 통해 확인할 수 있었다. 이번 기회를 통해 진로엑스포에 귀한 시간을 내어 참여한 많은 강사님께 감사를 표한다.

교육과정은
함께
만들어가는 것

박은경 2011. 3 - 2019. 2 보평중 근무

애물단지가 된 학교스포츠클럽 수업

사회적으로 학교폭력의 심각성이 지속적으로 제기되면서 이를 해결하기 위한 교육적 수단으로 2012년 2학기부터 학급별 수업 형태가 아닌 학생에게 선택권을 주는 새로운 형식의 학교스포츠클럽 수업이 도입되었다. 그러나 교사들은 교육과정 운영의 가장 큰 문제로 학교스포츠클럽 수업을 지목했다.

스포츠클럽을 운영하기 위한 환경과 자원의 부족으로 제도 도입 취지는 온데간데없고 형식만 남았다. 학생의 선택은 가위바위보 또는 선착순으로 결정되었다. 학생들의 방임적 수업 내용 선택, 지도교사의 지도 전문성 부족, 시설 문제, 교사 업무 가중, 체육 교과 교사와 타 교과 교사 간 갈등 발생 등 학교스포츠클럽 수업은 학교에서 애물단지로 전락했다. 급기야 학교스포츠클럽 수업은 수업시수가 부족한 교사들을 구제하는 방패가 되기에 이르렀다.

2013년 2학기, 새로 부임하신 홍기석 교장선생님과 체육교사의 긴급 간담회가 열렸다. 그때 난 육아휴직 중에도 의견 수렴 요청을 받고 간담회에 참석했다. 간담회는 학생들이 종목을 선택하여 체육 수업을 진행하는 방안에 대한 논의였다. 이때 교장선생님은 체육 수업과 학교스포츠클럽 수업을 통합하여 하나의 체육활동으로 구성·운영하고, 대학교 수업처럼 학생들에게 선택권을 주어 자신이 원하는 종목을 긴 시간 즐겁게 참여하고 깊이 배우는 학생맞춤형 창의적 체육교육과정을 제안하였다.

◦ 학생맞춤형 창의적 체육교육과정 운영과 관련하여 보평중학교는 경기도교육청 정책연구를 맡아 진행하면서 경기도 내 중학교 학교스포츠클럽 운영 실태를 확인해보는 기회를 가졌다. 이를 보면 각 학교에서 3월 초에 학교스포츠클럽 수업을 담당하는 교사들이 지도 종목을 결정할 때 강사가 지도하는 종목을 선호하고 수업에 집중력이 떨어지는 학생들이 모인 종목은 기피하는 현상이 나타난다. 이러다 보니 일부 학교에서는 제비뽑기로 지도 종목을 정한다고 한다.

학생맞춤형 창의적 체육교육과정에 대한 제안은 그동안 체육 수업에 흥미를 느끼지 못하는 학생들을 지도하는 데 어려움을 겪고 있던 나에게 어두운 구름 사이로 내리는 한 줄기 빛처럼 느껴졌다.

2012년 체육 수업을 2개 반씩 블록수업으로 묶어서 남녀를 분리하는 수업 방식을 운영해본 터라 실현 가능성이 있다고 생각했다. 그렇지만 어느 학교에서도 시도되지 않은 교육과정을 만들어야 한다는 것은 어느 누구도 방법을 알려주지 않는다는 것이며 어떤 결과가 나올지 알 수 없다는 불확실성 때문에 막막함과 두려움도 컸다.

동료 체육교사들도 이 제안에 쉽게 동의하지 않았다. 그 이유는 첫 번째, 체육교과 교육과정에서 핵심영역 5가지 가치를 고르게 가르쳐야 한다고 되어 있고, 두 번째, 중학생은 다양한 신체활동 즉 다양한 체육 종목 경험을 해야 하고, 세 번째는 이렇게 하면 체육교사의 업무가 가중된다는 것이었다.

그러나 상급기관에서 주어진 교육과정을 우리 학교의 환경과 특성에 맞게 재구성하는 수준을 넘어, 우리 학교만의 빛깔 있는 교육과정을 창출하기 위한 과감한 실험이 필요했다. 먼저 교사 개인의 경험치를

---

* 하지만 이 교사들은 2014년부터 학생맞춤형 창의적 교육과정이 보평중학교에 성공적으로 안착되도록 적극적으로 노력을 하였으며, 2015년부터는 경기도교육청 정책연구에 연구위원으로 참여해 학생맞춤형 창의적 교육과정이 지금까지 발전해오는 데 밑거름이 되었다.

가장한 집념이나 교과편향성을 내세운 교육과정에 좌지우지되지 않도록 하는 것이 중요했다. 그러기 위해서는 학교 안, 수업 속 문제를 드러내고, 공유하여 보여주고, 민주적 협의 과정을 통해 협력적으로 실천하려는 학교자치 문화가 선제되어야 한다.

학생을 먼저 생각했기에 가능했던 변화의 바람

보평중학교는 학년말이 되면 교육과정 대토론회가 정례화되어 운영된다. 2013년 12월 교육과정 대토론회에 학교스포츠클럽 운영에 대한 새로운 대안이 논의 주제로 상정되었고, 나는 휴직 중에도 안건의 발제자로 참석하였다. 가장 큰 논점은 학교스포츠클럽 수업 내실화를 위해 체육교사가 학교스포츠클럽 수업을 전담하여 운영할 수 있도록 하는 전반적인 교육과정 기획 변경이었다.

일단 체육교과 시수를 한 단위 높여서 체육교사 한 명을 늘려 체육교사의 평균 수업시수를 낮춰줘야 했다. 그렇게 되면 타 교과 수업시수가 한 단위 낮아지면서 자연스럽게 한 명의 교사가 줄어든다는 문제가 생긴다. 이를 해결하는 것이 첫 번째 난제였다. 공교롭게도 국어교과에서 평균 수업시수가 높아 국어교과 선생님들이 힘들어하고 있었고, 대토론회 자리에서 국어교과에서 1단위를 바로 내어주면서 해결되었다.

두 번째 문제는 체육 수업과 학교스포츠클럽 수업 모두를 체육교사가 감당할 수 없기 때문에 체육전문강사를 채용해야 했다. 그러기 위해서는 3천만 원 정도의 전담강사 예산이 필요했다. 마침 성남시청에서 지원하는 성남형 교육지원사업 예산이 있어 이중 일부를 학생맞춤형 창의적 체육교육과정 운영에 편성하여 사용할 수 있도록 전체 교사의 동의를 얻었다.

마지막으로 체육교과와 학교스포츠클럽 수업을 통합한 학생맞춤형 창의적 체육교육과정을 운영하기 위해서는 블록타임으로 시간표를 배정해야 했고, 그러려면 체육교과 시간표 배정이 다른 교과보다 우선되어야 했다. 이로 인해 타 교과 교사들의 시간표가 연달아 몰리는 현상이 일어날 수도 있고, 시간표 편성이 까다로워져 수십 번을 재조정해야 하는 노고가 예상되었다. 그런데도 선생님들은 학교스포츠클럽 수업을 내실화하기 위해서 희생과 배려가 불가피하다는 것에 공감했고, 이러한 불편을 감수하기로 하고 합의점에 이르렀다. 이는 진정한 배움을 만들어가기 위해 학생을 중심에 두고 교사들이 주도적으로 민주적인 의사결정 시스템을 구축하자는 합의가 있었기에 가능한 일이었다.

학생맞춤형 창의적 체육교육과정

"모두 모이셨나요? 오늘은 1년 동안 진행된 학생맞춤형 창의적 체육교육과정을 평가하고, 다음 학년도 교육과정을 기획하는 시간입니다."

체육교사 4명과 체육전담강사 5명이 한자리에 모였다. 학생맞춤형 창의적 체육교육과정이 운영되면서 체육교과 협의회는 월 2회 이상 수시로 모임이 이루어졌다. 교사 단독으로 운영되는 시스템이 아니기 때문에 수업 진도부터 평가까지 모든 일정이 협의를 통해 이루어지며, 그 속에서 수업에 대한 아이디어와 수업 디자인 등 수업 나눔도 자연스럽게 되었다. 대부분 체육교사 4명만 모이지만 한 학기에 2번 정도는 체육전담강사도 함께 참석한다. 물론 체육교사와 체육전담강사는 코티칭co-teaching을 통해 일상적 논의가 가능하다.

한 학기에 한 번 체육교과에서는 자율적·정기적으로 학생맞춤형 체육교육과정에 대한 학생평가를 실시하였다. 반성적 성찰 과정을 통해 그 결과를 정리하고 공유하고 다음 교육과정을 기획하는 데 중요한 자료로 활용하였다.

교육과정 전반에 대한 만족도 설문부터 종목에 대한 세부적인 수업 만족도와 교사의 전문성, 학생 참여도, 학생성장중심 수업을 중점으로 양적평가를 실시하였으며, 개방형 설문으로 학생맞춤형 창의적 체육교육과정의 장점과 개선점을 작성하도록 하였다. 이런 노력 덕분일까. 학생들의 수업 만족도는 높았다.

"더 이상 지루한 수업이 아니어서 좋다. 내가 좋아하는 운동을 중점으로 하니 체육 시간이 즐겁고, 체육 시간이 든 날이 기대된다. 예전 체육 수업은 잘하는 애들만 하고 못하는 애들은 시켜주지도 않아 참여할 수 없었지만 지금은 모두 참여할 수 있어서 좋다. 학생을 존중해주는 수업 방식인 것 같다." (3학년 남학생)

"수업의 질이 높아졌다. 과거에는 멍을 때리고 있는 시간과 앉아 있는 시간이 움직이는 시간보다 많았다. 그래서 그런지 체육이 좋지 않았는데 지금 참여하고 있는 수업은 내가 하고 싶은 종목을 하니까 체육 시간이 싫지 않다. 체육 시간이 무의미한 시간이 되었던 적이 있는데 요즘은 그러지 않아서 좋다."(2학년 여학생)

"과거에는 그냥 내가 못하는 종목의 수행을 많이 받아서 불공평하다 생각했는데 지금은 나도 잘하고 좋아하는 종목으로 수행을 받을 수 있어 성취감이 매우 크고 운동이 즐겁게 느껴질 때가 많다."(3학년 여학생)

교사들도 학생맞춤형 창의적 체육교육과정에 상당한 만족감을 나타냈다. 교사들은 과거의 수업 방법보다 업무량이 줄었다고 인식하고 있었다. 또한 학생맞춤형 창의적 체육교육과정이 학교 전체 분위기와 학교 교육과정 운영에 긍정적으로 작용하였다고 인식하였다.

"체육 수업에 소극적이던 여학생들과 운동능력이 낮은 학생들이 적극적으로 체육 수업에 참여할 수 있게 유도한 것 같다. 기존 체육 수업 방식에서는 많은 수업 내용과 짧은 연습시간, 과밀한 학생 수 때문에 운동능력이 낮은 학생들을 이끌어가는 걸 포기한 경우도 있었지만, 학생맞춤형 체육교육과정은 운동능력이 낮은 학생들도 충분한 연습시간과 기회를 가질 수 있어서 실력이 향상되는 것이 보인다."(A 체육교사)

"예전 학교에서 제일 힘든 것이 스포츠클럽 수업이었다. 하고 싶은 학생들만 하고 그늘에서 쉬는 학생들이 대부분이고, 내가 해줄 수 있는 것도 별로 없었다. 이렇게 운영될 바에는 스포츠클럽이 없어져야 한다 생각했는데, 보평중에 와서 보니 이상적으로 체육 시간이 운영되고 있는 것 같고 무엇보다 학생들이 매우 즐거워 보였다. 내 아이도 이러한 체육 수업을 받았으면 좋겠다."(C 수학교사)

학생맞춤형 창의적 체육교육과정은 학생의 자율적 선택권을 보장해 주어 참여 동기를 높이는 교수학습 전략, 학교교육공동체의 안전한 협의 문화, 효율적인 인적·물적 지원, 역량 함양을 목적으로 한 수업 설계, 학생성장중심 과정평가가 유기적으로 연결되어 있다. 현재도 학생들의 요구를 충족시키는 최적의 답을 찾기 위해 선생님들은 계속 고민하고 논의하고 변화를 모색하고 있는 중이다. 이러한 끊임없는 노력은 배움의 질을 최고의 수준으로 높이는 혁신의 과정이었다.

학교교육공동체가 다 함께 모여 공동기획한 학생맞춤형 창의적 교육과정은 2015년 경기도교육청의 상향식 정책으로 제안되었다. 이후 현장의 스포츠클럽 교육정책문제를 해결하고 2030경기미래교육 방향에 부합되는 모델로 인정받아 경기도교육청 '함께 움직이는 체육' 정책실행연구회를 만들어 경기도 30개 선도학교(2016년~현재까지)의 정책실행을 주도적으로 돕고 있다.

앞으로 학생들의 교육적 필요, 흥미, 동기, 수준, 속도 등을 반영한 창의적 교육과정이 공정한 교육, 공평한 학교의 실현과 학교자치와 학

교민주주의 성장을 위한 기반이 되도록 다양하게 시도되기를 기대
한다.

학생을
성장시키는
평가란?

박은경 2011. 3 - 2019. 2 보평중 근무

왜 학생 체력이 해마다 저하될까?

"더 이상 못 뛰어요!"

"이거 왜 하는 거예요?"

일 년에 한 번 초·중·고 모든 학교에서 동일한 상황이 벌어진다. 30년 전에 체력장이라 불렸고, 지금은 학생건강체력PAPS이라 불리는 것을 측정하기 위해서다. 일선 학교에서는 일 년에 한 번 학교 행사처럼

학사 일정을 잡아서 전 교사와 전교생이 동원되어 측정을 하고 담임교사는 측정된 결과를 나이스에 입력한다. PAPS 업무 담당자는 보통 체육교사가 맡고 있으며, 학년말 교육청으로 전송 버튼을 누르면 업무가 끝이 난다. 그러고는 정부에서 그 자료들을 수집하여 학생 체력 현황지표를 발표한다.

발표에 따르면 해마다 학생들의 체력이 전반적으로 떨어지는 것으로 나타났다. 1등급 학생 비율은 줄었고, 4, 5등급 학생 비율이 증가하고 있다. 이것은 당연한 결과이다. 애초 PASP 도입 목적은 학생의 체력을 분석하고 그 결과에 따른 대안을 마련하여 체력을 성장시키는 건데, 일선 학교에서는 학생들의 체력 향상을 위한 대안이나 연습 과정은 생략한 채 매년 처리해야 하는 업무의 하나로 측정만 하기 때문이다. 그러곤 일회적 체력측정(PAPS)만으로 학생들의 체력을 판단해버린다. 이는 기초체력의 문제만이 아니다. 기초학력 저하도 이와 비슷한 현상이 아닐까? 교육청에서도 이러한 문제를 인식하고 예산을 증액해 학생 건강체력교실 운영을 의무화하여 각 학교 4, 5등급 학생들을 관리하도록 지원한다. 하지만 정작 4, 5등급 학생들은 운동을 그다지 좋아하지도 않고 수업 시간 외에 남아서 활동을 해야 한다는 부담감으로 자발적 참여가 저조한 실정이다. 또한 체력과 운동기능 향상은 단기간에 이루어지지 않으며 장기간의 규칙적인 운동에 의해서만 달성할 수 있기 때문에 눈에 띄는 성과를 얻기도 쉽지 않다.

어쨌든 우리는 학생들의 진짜 체력, 학생 개개인에게 잠재된 실력을 체육교과에서 끌어낼 방안을 찾기 시작했고 학생맞춤형 창의적 체육

교육과정과 연계한 건강체력향상프로그램을 고안했다. 그리고 이 과정을 한번에 측정하는 결과 평가로 끝나는 것이 아닌, 학생의 성장에 중점을 두고 평가가 되는 과정중심평가를 시도했다.

과정중심평가 는 학생 개개인의 특성과 수준에 맞게 프로그램을 계획하고, 얼마나 노력을 하였는가를 기준으로 학습과정을 평가해서 학생 개개인의 능력을 최대한 끌어낼 수 있도록 하기 위함이다.

예를 들어 표현활동을 선택한 학생은 표현활동 수업과 연계하여 유연성 향상 프로그램을 실시하고, 윗몸 앞으로 굽히기를 1년 동안 4회 측정한다. 학기별 2회는 교사가 직접 측정하여 공정성을 높였고, 학기 중 충분한 연습시간 확보를 위해 1차 평가와 2차 평가를 두 달 이상 간격(1학기 3월, 6월 / 2학기 9월, 11월)을 두고 실시하였으며, 1차 평가와 2차 평가 결과를 비교 분석한 후 향상된 결과에 대해 성장점수를 부여하였다.

* 교육부에서는 2018년 과정중심평가 연수자료 개발을 완료하고, 2019년부터 지역교육청에서 추천한 교사들을 대상으로 과정중심평가 선도 교원 연수를 실시하였다. 교육부는 2019년부터 5년 동안 전국의 모든 교사들이 교과별로 과정중심평가 연수를 이수하도록 하는 정책을 실시하고 있는데, 이는 전국의 학교현장에 과정중심평가를 반드시 도입·운영하려는 교육부 차원에서의 의지를 확인할 수 있는 대목이다.

1차 평가에서 A점수를 받은 학생은 2차 평가에서 A점수를 받기 위해 자신의 체력을 유지하거나 개인의 기록 경신을 위해 최선을 다하는 모습을 보였고, 1차 평가에서 B점수를 받은 학생은 2차 평가에서 A점수를 받기 위해 노력하였다. 이 두 학생이 2차 평가에서 A점수를 받는다면 최종 평가점수는 만점을 받을 수 있어 학생들의 성취감이 고조된다.

"무용을 시작했을 당시에 유연성 -2cm가 나왔어요. 하지만 무용 수업을 하면서 스트레칭 춤을 배우는데 나도 모르는 사이에 내가 성장하고 있다는 것을 알았어요. -2cm에서 18cm로 성장한 나를 보니 정말 뿌듯해요."

유연성 5등급인 학생이 1등급으로 향상되는 것은 거의 불가능한데, 맞춤형 건강체력 프로그램을 통해 이 학생은 유연성 1등에 가까운 잠재력을 드러냈다. 그뿐 아니다. 이미 평가점수 A를 받은 학생에게도 성장의 기회를 제공한다.

"1학기 때는 유연성이 20cm였는데 2학기 때는 24cm로 늘어났어요. 고작 4cm라고 생각할 수 있지만 전 40cm처럼 소중하고 기뻤어요."

이 학생은 A라는 점수를 목표로 한 것이 아닌 자기 개인의 기록 달성을 목표로 건강체력 프로그램에 참여했다. 이미 유연성 1등급 이상 도달했음에도 불구하고 자신의 목표를 높이고 최선을 다해 얻은 결과에 크게 기뻐하였다.

보평중학교에서 과정중심수업을 시행하고 난 후 학생건강체력 4, 5등급 학생들의 체력이 상당히 향상되었다. 그리고 3학년 학생의 체력이 2학년 학생들보다 높았고, 2학년 학생의 체력이 1학년 학생보다 높게 나타났다. 또 전국, 경기도, 성남지역 학생들의 건강체력보다 보평중학교 학생들의 건강체력이 월등히 높은 것으로 나타났다. 이러한 결과를 학기초 신입생들과 재학생에게 공유했더니 학생들이 체육 수업에 대해 신뢰, 자긍심, 성장이라는 희망을 갖고 적극적인 참여 의지를 나타냈다.

체육뿐 아니라 대부분의 교과에서 학생들의 수준 편차에 대한 어려움을 호소한다. 특히 기초학력부진학생에 대해 고심이 크다. 학교 밖에서도 이를 해결하기 위한 각종 정책들이 매년 쏟아져 나온다. 하지만 이 문제가 단기간에 몇몇에 의해 해결할 수 있는 문제가 아니기 때문에 딱히 그 성과를 내놓지 못하고 있는 실정이다.

분명한 것은 아무리 좋은 정책이라 하여도 분절적, 일시적, 형식적인 방법으로 운영되는 교육과정은 학생 개개인의 잠재되어 있는 역량을 성장, 발달시킬 수 없고, 학생들의 자아효능감은 물론 정체성을 세워주는 데 한계가 있다는 사실을 외면하지 않길 바란다.

경쟁 대신
협력으로
성장하는 아이들

박은경 2011. 3 - 2019. 2 보평중 근무

교사의 가르침과 학생의 배움은 달랐다

표현활동 시간, 그동안 배웠던 표현 동작을 발표시켰다. 그리고 나머지 학생들에게 발표하는 학생들을 관찰하고 동료평가를 하도록 했다. 그런데 학생들이 작성한 동료평가 활동지를 보고 깜짝 놀랐다.

"친구들을 보니 잘 추는 애와 못 추는 애가 누군지 알 수 있었다."

"자신감이 부족해 보이는 애들을 보니까 나도 저러는 건 아닐까 걱정이 되었다."

"잘하는 아이들과 못하는 아이들이 크게 차이나 보였다. 못한다고 생각되는 아이들은 대부분 동작에 절도가 없고 동작이 작았다."

학생들이 동료평가 후 작성한 활동지에 적은 내용이다. 활동지를 보고 '나는 학생들에게 불안감을 조장하고, 서로의 관계를 파괴시키고, 최선을 다하지 못하게 막고 있는 그릇된 교사였구나. 이 평가가 잘하는 학생과 못하는 학생을 구별하기 위한 목적이었나? 과연 잘하는 학생과 못하는 학생을 분별하는 평가가 필요한가?'라는 고민에 빠졌다.

동료평가를 통해서 표현활동에 대한 심미적 안목을 키우고, 협력적으로 문제를 해결하길 바랐는데, 교사의 가르침과 학생의 배움은 달랐다. 그동안 나의 표현활동 수업은 동작을 가르쳐주고 동작의 순서와 정확성을 평가하거나, 학생들이 '주제 설정-음악 선정-동작 창작-평가' 등을 해결하고 일정 기간이 지난 후(약 4주) 모둠별로 창작한 작품을 발표하도록 했다. 그러나 학생들의 반응은 그리 긍정적이지 않았다.

전자의 경우는 학생들을 수동적으로 만들었고, 후자의 경우는 창의성과 협력보다는 모둠별 갈등이 심화되고 동료의 작품을 서열화하여 평가하는 데만 집중하게 했다. 그러니 학생들은 더욱더 모둠 편성에 민감한 반응을 보였고, 소수의 학생만 열심히 하고 무임승차하는 학생들이 있다고 항의했다.

이러한 구조 속에서는 학생들이 모두 활동하고 있는 것처럼 보이지만 실제로는 아무 의미 없이 교사의 지시에 따라 움직이는 것이라 자율적인 참가와 몰입은 일어나지 않는다. 학생은 배움의 주체가 아닌 수업의 구경꾼으로 소외를 경험하며 배움의 정체가 일어나면서 학생간 학습 격차는 커질 수밖에 없다.

변화가 필요하다, 수업도 평가도

모든 학생의 고유한 특성을 인정하고, 오늘의 배움이 현재의 삶에 적용되어 평생학습으로 연계되기 위해서는 역량함양수업으로의 전환이 필요했다. 이를 위해 학생이 선호하는 주제를 스스로 결정하게 했고, 모둠별 동료와 함께 협력적으로 문제를 해결할 수 있도록 했다. 학습속도가 느린 학생은 개별지도를, 창의적 아이디어에 주춤하는 학생에게는 동료를 연결해 아이디어를 함께 만들어갈 수 있도록 했다. 그랬더니 교사가 몇십 번을 반복해도 동작을 외우지 못하고 뒤처졌던 학생들 사이에 문제 해결을 위한 의사소통이 활발하게 일어나면서 학습속도가 빨라지고 수준도 높아졌다. 서로 도움을 주고받는 과정에서 형성된 공동체 의식은 적극적 수업 참여를 이끌어냈다.

인혜(가명)는 스스로 표현활동 수준이 높다 생각하고 교사의 지도를 신뢰하지 않았다. 모둠 친구들의 의견도 존중하지 않고 독단적으로, 자신이 하고 싶은 대로 모둠 작품을 구성했다. 모둠 친구들은 불만이 있어도 인혜와 대화를 통해 해결할 엄두도 내지 못했다. 게다가 1차 평가에서 인혜 덕분에 쉽게 좋은 점수를 받아서 더 얘기를 할 수 없었다.

문제는 그 다음부터였다. 이미 만점에 도달한 이 팀은 자만심에 빠졌고 연습도 게을리했다. 특히 잘하는 인혜에게 전적으로 의지했던 터라 인혜가 움직이지 않으니 나머지 학생들도 연습을 할 수 없었다. 그 결과 2차 평가에서 1차 평가보다 낮은 점수를 받았고, 이들도 녹화된 자신들의 발표 영상을 보고 실망했다.

그런데 아이들이 전에 보여줬던 모습과 달라지기 시작했다. 이러한 실패 경험이 리더 역할을 했던 인혜나 다른 학생들에게 성찰의 기회가 된 것이다. 다음 수행평가에서는 함께 의논하여 역할을 나누고 서로의 의견을 존중하며 과제를 해결해갔다. 이러한 활발한 의사소통 과정은 월등히 수준 높은 작품을 탄생시켰다. 인혜는 자신의 성장 경험을 다음과 같이 뿌듯해했다.

"성장평가라고 해서 내 춤 실력이 딱히 성장할 게 있을까 생각했었는데 실력을 말한 게 아니었어요. 친구들과의 협력을 통해서 더 좋은 결과를 가져오라는 의미라는 걸 알았어요. 사실 우리 모둠이 대체적으로 춤을 잘 추지 못했어요. 처음에 이렇게 모둠 구성이 이루어졌을 땐 정말 막막했어요. 그러나 춤을 못 추는 것이 아니라 자신감이 없던 거예요. 잘 못하는 친구들을 힘을 합해 도와주니 금방 늘었고 모둠의 팀워크도 살아났어요. 내 의견만 옳다고 주장하지 않고 다른 사람의 의견도 들으니 경청 자세도 좋아지고 모둠이 서로 이해하는 쪽으로 변화했어요. 그룹을 이루어 춤을 추는 것은 춤을 잘 추는 게 다가 아니라 서로 존중하고 도와주어 최고의 무대를 만드는 게 중요한 것 같아요."

평가도 수행 결과보다는 학생성장에 중심을 두고 성장 참조형 평가 방식을 채택했다. 중간 차시에 1차 과정평가를 실시했다. 이때 학생은 동료팀 평가뿐만 아니라 1차 평가를 통해 배운 점, 개선할 점, 2차 성장평가를 위해 노력할 점 등 반성적 성찰일지를 작성한다. 이 과정에서 학생은 현재 자신의 위치와 앞으로의 노력 전략에 대해 정확한 정보를 얻게 된다. 대부분은 현재의 수준에 만족하지 못하고 다시 도전하고 싶다는 욕구를 갖는다. 그래서 2차 성장평가를 한다. 2차 최종 성취도에서 거의 모든 학생이 1차 과정평가 때보다 성장한 자신의 모습을 만나게 되는데 바로 이때 학생들은 자기 효능감을 통해 행복감을 느끼게 된다.

"타고난 재능이 없어 나는 늘 못한다고 연습도 안 하고 '에이 몰라'라는 생각을 했었는데, 노력하면 노력한 만큼 좋은 결과가 나온다는 걸 깨달았어요. 1차 평가 때는 연습할 생각도 안 해서 정말 못했는데, 2차 평가 때는 정말 열심히 연습해서 더 잘했던 거 같아요. 2학기 때는 더 많이 내가 할 수 있는 만큼 노력할 거예요."

이후 학생들이 작성한 성찰일지, 감상문, 동료평가 기록, 1차 과정평가, 2차 성장평가 결과를 근거로 학생 개인별 잠재력과 노력, 성장과정 이력을 학생생활기록부에 입력했다.

학생들에게 준 여러 번의 질적 평가 기회는 그 자체가 동기 부여이자 피드백 과정이 되었다. 과제 몰입도를 집중시키고 개인의 능력을 최대한 발휘할 수 있게 하여 결과적으로 학습 목표 달성과 학업 성취도를 향상시켰다. 또한 협력적 문제해결 과제 수행과정은 서로 협력할 수밖에 없는 공통된 목표를 세우게 했고 수행 능력이 떨어졌던 학생들도 친구에게 도움을 청하는 등 적극적으로 수업 참여를 도왔다. 뿐만 아니라 개인의 실력 향상 경험은 자신감을 상승시켰고 체육 수업에 대한 긍정적 인식을 갖게 했다.

성장평가, 체육교과만 가능한 것일까?

체육교과의 성공 경험을 시작으로 타 교과에서도 학생 성장에 기반한 과정중심평가에 대해 고민을 시작했다. 이때까지만 해도 체육교과에서 실시한 사례 하나뿐이었기 때문에 타 교과에서는 '체육교과에서만 가능한 것 아니야?'라는 의심의 눈초리를 보냈다. 체육교과에서는 양적평가 비중보다는 오히려 질적평가에 대한 학생성장기반 과정중심평가 비중을 높여 이미 몇 년째 실시하고 있었음에도 불구하고 타 교과 선생님들은 체육교과의 양적평가 방식에 국한하여 학생성장중심 평가 가능성만을 판단하기도 했다. 이러한 선입견 때문에 더욱더 타 교과 선생님들은 학생성장중심 과정평가 계획을 개발하는 데 난색을 표했다.

하지만 그것도 잠시, 우리가 하고자 하는 방향은 뚜렷했다. 학교는 배움을 통해 학생들을 성장시키는 곳이며 이를 위해서는 수업 안에서 평가라는 도구를 잘 활용하여 목적 달성을 해가야 한다. 평가는 교육의 목적이 아니라 수단으로 활용되어야 한다. 우리의 철학을 다시 한

번 공유하고 학생을 중심에 놓고 각 교과별로 성장 평가 방식을 고민했다.

우리는 학생 성장에 기반한 과정중심평가를 학교평가의 자율지표 과제로 설정하고, 이를 실천하기 위해 학생교육, 학부모교육을 통해 철학을 공유하고자 노력하였고, 학교평가를 몇 년간 지속적으로 실시하여 반성적 성찰 과정을 거듭하며 발전시켜갔다.

학생 성장에 기반한 과정평가를 제대로 실천하기 위해서는 짧은 기간 단편적인 평가 계획이 아닌 총체적이고 장기적인 평가 계획이 수립되어야 한다. 즉, 단순한 교과지식이나 교과서 진도의 강박에서 벗어나 그 틀을 허물고, 교과의 본질을 중심에 놓고 교육과정을 폭넓게 해석하여 학생 특성과 학교 환경에 알맞게 교육 내용을 재배열하는 교과전문성이 발휘되어야 한다는 것이다.

학교 교육과정에서 피어난 꽃

누군가는 우리 사회에 팽배해 있는 경쟁구조와 입시문화, 교육 환경이 먼저 바뀌어야 한다고 이야기한다. 그렇다고 정부에서 좋은 정책이 내려오기만을 기다리며 수많은 학생들을 외면한 채 이대로 방치해도 되는 걸까? 혹시 우리 스스로 수업 속에서 학생 개개인을 성장시킬 수 있다는 희망조차도 갖지 않는 것은 아닐까?

보평중학교에서 진정한 의미의 참여는 학교에서의 배움이 자신의 가까운 삶부터 미래의 삶까지 연계되어 있다는 것을 깨닫는 것이다. 그래서 모든 학생들이 스스로 성장해가는 과정을 경험하도록 수업을 실천하고 있다. 수업 과정에서 우리 학생들은 자기결정권을 갖고 자신의 역량 함양을 위해 스스로 노력하고, 자기 주변 환경에 대해 옳고 그름을 성찰하며 자기 효능감을 높여간다.

어느 날, 보평중학교를 졸업한 여학생들이 학교에 찾아왔다.

"선생님, 고등학교에서 여학생들이 체육 수업에 잘 참가를 하지 않아요. 모두 앉아서 수다만 떨어요. 하고 싶어도 운동장에는 남학생들만 있어서 저 혼자 나갈 수가 없어요."

많은 여학생들이 체육 수업에서 스스로 학습의 주체가 되는 것을 포기하고 있다. 아마 이들은 학교 체육 수업에서 학습의 주체가 되는 경험을 하지 못했을지도 모른다.

최근에 우리 사회는 격동의 변화를 경험하였다. 주인의식을 가진 민주시민의 참여가 우리가 어쩔 수 없다고 생각했던 견고한 벽도 무너트렸다. 우리 삶의 주인은 우리 자신이고, 보평중학교의 교육은 학생들이 이를 깨달을 수 있도록 수업 속에서 실천하는 것이다. 이런 실천이 교과를 넘어 학교 담론을 확장시키고, 학교현장을 넘어 사회변혁에 기여하는, 민주주의 교육일 거라 믿어 의심치 않는다.

졸업생에게 듣는
배움의 공동체
이야기

김상빈 2016년 졸업생

고등학교까지 이어진 중학교 경험

3년 동안의 보평중학교 생활을 돌이켜보면 글쓰기와 말하기, 강의 형태나 주입 형태의 수업이 아닌 선생님과 학생이 상호작용하는 수업, 내 의견을 자유롭게 말할 수 있는 분위기 등 '살아 있는 학교문화'가 떠오른다. 혁신학교가 아닌 다른 중학교에서 고등학교로 올라온 친구들은 수행평가 소리만 들어도 싫어하고 혼자 외우면서 공부하거나 친구들이랑 관계를 깨면서까지 좋은 성적을 위해 맹목적으로 매달렸다. 하지만 중학교에서 단련(?)된 나는 수행평가와 내신 공부의 흐름을 놓치지 않으면서 발표수업을 준비하고, 모둠 과제를 챙기고, 친구들과 함께 공부하고 묻고 답하는 수업을 할 수 있었다.

학생회 일원으로서 축제를 기획하고 포스터를 만들고, 매일 학생회실에 남아서 준비하는 과정도 토론과 회의를 통한 협력을 배울 수 있게 해줬다고 생각한다. 원하는 활동은 우리가 최대한 기획해서 준비하고, 선생님들이 되는 부분과 안 되는 부분을 구분해주시면 그 안에서 뭐든 할 수 있었던 환경은 또래 중학생들은 할 수 없었던 경험이었다. 이런 경험은 이후 고등학교에서 학생회활동을 자발적이고 긍정적인 자세로 자신감 넘치게 임할 수 있는 기반이 되었다고 생각한다.

고3이 되어 마주한 수능 지문을 읽고 해석하고 정리하는 부분에 있어서도 중학교 수업에서 글을 만지던 경험이 큰 도움이 되었다. 단순히 책을 읽고 감상만 쓰는 게 아니라 이게 사회적으로 혹은 나에게 어떤 맥락과 의미를 가지는지 알아보는 활동들은 고등학교 진학 후 긴 지문을 읽고 이해하는 데 도움을 주었다. 또 다양한 분야를 거부감 없이 접할 수 있고, 글을 쓰고 토론하는 교내대회에도 즐겁게 참여할 수 있게 해주었다.

고등학교에서 활동하고 싶은 영상 분야 동아리를 직접 만들고, 친구들과 활동을 계획하고 기틀을 잡아나가는 데도 중학교 자치활동 경험이 도움이 되었다. 보평중학교 학생회에서 다양한 경험을 했기에 고등학교 학생회에서도 두각을 나타내며 활동할 수 있었다.

직접 해보는 활동으로 배운 것들

아직도 생각나는 수업 중 하나는 정미희 선생님과 함께한 수학 수업이다. 중학교 3학년 수학 통계 단원 수업이었는데 개인별로 주제를 정해서 수치를 모으고 평균값과 최대값 등을 정리해서 발표하도록 하셨다. 나는 '선생님들의 신발 사이즈 조사'라는 주제로 교무실을 돌아다녔던 기억이 난다. 다른 모둠 친구들도 반 친구들의 키나 몸무게, 신발 사이즈 등을 조사해서 각자 통계 자료를 다듬고 발표했다. 사실 강의로 하면 1~2차시면 끝나는 간단한 단원이지만 직접 조사를 하고 통계를 내보는 활동을 통해 일상생활에서 어떤 식으로 통계가 사용되는지 확실히 익힐 수 있었다.

또 다른 기억 중 하나는 원주율 단원에서의 발표 수행평가 과제였다. 각자 원주율과 관련된 소재로 자유롭게 주제를 골라 준비해서 발표하는 수업이 진행되었다. 나는 당시 컴퓨터 분야에 관심이 많아서 원주율을 계산해내는 원리와 컴퓨터의 연산력을 조사해 발표했다. 직접 근거와 자료 영상을 찾고 선생님과 친구들 앞에서 발표를 했었다.

이런 직접 해보는 활동들은 이후 고등학교 시절 교내 탐구대회나 논문대회를 준비할 때 도움이 많이 되었다. 직접 설문 조사를 위해 거리에 나간다거나 외부 교수님 앞에서 발표할 때 '예전에도 이런 경험을 했었지'라고 생각하면서 자신감을 얻었다. 솔직히 이런 경험을 한 뒤에 고등학교에 진학하는 것과 고등학생이 되어 대회를 위해 급하게 준비하는 것은 꽤 큰 차이가 있었다.

선생님들이 연구해서 직접 제작하신 중학교 2학년과 3학년 역사 시간을 아우르는 교과 유인물은 방대한 정보량에 비해 얇은 교과서의 서술 분량을 우리가 합리적으로 공부할 수 있게 해준 자료였다. 그런 교육과정의 유연함이나 선생님들의 적극적인 교재 연구가 만든 수업 시간은 역사를 배우는 부분에 있어서 연속성을 가지고 고등학교로 진학할 수 있었던 계기가 되었다.

고등학교에 들어와서 세계사나 한국사를 선택하여 수능과 내신 시험을 준비할 때, 중학교 시절 프린트물과 토론 내용들을 떠올리며 이전에 배웠던 흐름을 바탕으로 조각을 맞춘다는 생각으로 공부할 수 있었다. 꾸역꾸역 교과서를 외웠다고 말하던 다른 중학교 출신 친구들과는 달랐다.

역사 시간에서의 토론 수업 역시 상당히 특징적이었다고 생각한다. 당시에는 특별하단 생각 없이 그저 묵묵히 준비하고 수행했던 주제별 토론 수업이었다. 한수현 선생님이 4인 1조로 2차시에 이르는 토론 수업을 완전히 우리가 주체가 되어 구성해나가도록 진행하셨던 기억이 떠오른다.

모둠 구성원이 모두 모여 근거를 찾고 의견과 반론지를 작성하고, 발언 매뉴얼에 맞게 토론을 해가는 과정은 이후 고등학교에서 학생 협의회, 회장단 선거 과정, 교칙 개정 공청회 등에서 토론자로 나설 때 큰 도움이 되었다. 두서없이 이야기를 풀어놓는 것이 아니라 규정이나 문서, 근거 자료를 기반으로 정중하게 설득하는 '진짜 토론'을 하는 데 큰 역할을 했다고 생각한다.

대학 입시와 관련해 학생부종합전형이나 교내대회, 비교과 활동에 대해 사회적으로 말도 많고 이슈가 되고 있는 건 사실이다. 하지만 대학에서 기본적으로 요구하는 사항, 즉 학생들을 판단하는 기준은 학생 스스로가 자신의 문제를 탐구하고 적극적으로 문제해결과 공부 및 여러 활동에 임할 수 있는지 여부라고 생각한다.

보평중학교에서의 경험이 단지 대학 입시에 도움이 되기 때문에 좋은 것은 아니다. 보평중학교의 배움의 공동체 수업 방식은 내가 무엇을 하고 싶고, 할 수 있고, 어떻게 협력하며 문제를 해결할 수 있는지 탐구하고 이를 토대로 입체적이고 자발적인 사람이 되도록 방향을 잡아주었다.

코로나와
온라인 수업
앞에서

김동호 2019. 3 - 현재 보평중 근무, **김민주** 2019. 3 - 현재 보평중 근무
민광현 2016. 3 - 현재 보평중 근무, **박준택** 2018. 3 - 현재 보평중 근무

코로나로 달라진 학교의 모습

코로나19로 학교에는 많은 변화의 바람이 불었다. 평범했던 학교생활은 그리운 과거가 되었다. 학생과 교사 간의 소통, 수업, 평가의 방법은 1년 전과 달라졌다. 갈피를 잡을 수 없었던 혼란 속에서도 우리는 앞으로 나아가야 했다. 코로나 기간 동안 보평중학교의 교육공동체는 어떻게 적응하고 성장해왔을까?

2020년 5월 초, 혼란스러웠던 3월과 달리 어느덧 온라인 원격수업이 안정적으로 자리 잡았다. 담임선생님들은 아침마다 ZOOM 화상회의 프로그램을 통해 아이들과 얼굴을 마주보며 능숙하게 조회를 진행했다. 뿐만 아니라 학생과의 개별 상담, 학급 자치회장 선거, 학부모 총회까지도 온라인으로 소화했다.

교과 선생님들은 아이들이 없는 빈 교실에서 카메라를 바라보며 수업을 촬영했고, 구글 클래스룸을 활용해 학생들과 수업 내용에 대해 피드백을 주고받았다. 온라인 수업에 구글 프레젠테이션, 구글 설문지, 잼보드, 패들렛, ZOOM 등 다양한 온라인 교육 도구를 융합하여 협력과 소통, 배움이 살아 있는 수업을 만들었다.

'늘 낯선 것이 새로운 기본이 된다'라는 말처럼 급속도로 변화된 낯선 환경 속에서 학교와 교사는 발맞춰 조금씩 변화해갔다. 시간이 지남에 따라 보평중학교에는 변화된 교육의 틀이 자리매김하여 어느덧 뉴노멀(New normal), 새로운 기준이 형성되고 있다.

학교혁신은 학교문화와 관계가 깊다. 온라인 개학, 코로나 등의 키워드로 우리가 맞닥뜨린 현장은 예측할 수 없는 변화 그 자체였다. 하지만 보평중학교가 새로운 국면에서도 방향성을 잃지 않고 나아갈 수 있었던 이유는 바로 혁신의 문화, 배움과 변화의 유연성에 기반을 두었기 때문이라고 생각한다. 그리고 보평중학교의 이런 변화는 온라인 개학, 코로나 휴업 이전부터 이루어진 것이다. 그 중심에는 학교 구성원이 필요성을 공감하고 추진했던 새로운 학습 관리 시스템인 구글의 교육용 서비스 G-Suite for Education의 도입이 있었다.

보평중학교로 전입 온 교사들에게 공통적으로 나오는 이야기가 있다.

"기존에 글로만 알고 있던 과정평가와 성장평가라는 단어에 대해서 더 깊이 생각하고 경험할 기회가 많아졌어요."

학생은 교사와의 수업을 통해서 성장해야 한다는 기본적인 생각을 가지고 있어도 진정한 배움이 어디서 가장 많이 일어나는가에 대해서는 깊이 이해하지 못했다. 그러나 보평중학교로 전입 온 후 어느 순간부터 '학생에게 필요한 교육과정이 무엇인가?'라는 질문에 과정평가와 성장평가라는 개념이 더해지며 보평중학교 교육문화에 물들기 시작했다.

모든 교사가 학교현장에서 학생에게 필요한 과정평가와 성장, 진정한 배움은 무엇일까 고민했다. 교사들이 생각하는 좋은 수업이란 학생의 삶에 도움을 주고 그 과정에서 노력하는 학생이 우수한 학생이라고 말해주는 수업이 아닌가 싶었다.

이런 생각을 개념화해준 단어는 바로 '그릿GRIT'이었다. 펜실베이니아 대학교의 심리학자 앤절라 더크워스는 성공을 추구하는 사람들의 비결은 재능이 아니라 열정과 끈기의 조합에 있다고 말했다. 그녀는 이를 '그릿'이라고 불렀다. 그릿은 성공에 결정적인 영향을 미치는 투지를 나타내는 표현이다. 이 단어를 접했을 때 성장, 과정 평가 및 교육현장에서 교사들이 소망하는 수업과 매우 밀접하게 관련되어 있다는 생각이 들었다. 지속적인 열정, 끊임없는 노력, 자아 회복력 등의 개념은 학생들에게 꼭 필요한 것이었다. 이 개념을 교육과정으로 재구성하고 학생들과 함께 성장해야겠다고 마음먹었다.

많은 교사가 과정과 성장이 학생에게 가지는 의미, 그릿과 열정에 대한 개념을 잡아가며 수업을 발전시키려고 노력했다. 하지만 이런 과정 중심, 성장 중심의 교육과정은 수업 및 평가에서 교사에게 많은 부담을 안겨주었다. 과정과 성장을 중요하게 생각하다 보면 교사의 '업무'가 수업이나 교육을 잊게 할 정도로 과도하게 늘어났다. 그러다 보니 올바른 방향임에도 도구적, 업무적 한계로 포기하는 교사가 생겼다. 이런 문제를 해결하기 위해 교사에게 도움이 되는 학습 관리 시스템Learning Management System이 무엇인지 탐구하기 시작했다. 기존에 교사들이 자주 사용하는 도구들은 연계성과 유연성, 접근성이 매우 떨어지는 도구였다. 이때 발견한 것이 G-Suite for Education이었다.

모든 교사가 하나로 움직이며 업무를 효율화할 수 있는 시스템을 구축하는 것이 중요했다. 그 결과 온라인 교무실, 교과별 사이트 운영을 시작했는데, 이번 코로나 사태에 가장 주목받은 시스템 가운데 하나였다. 이 시스템을 온전히 개인이 책임지고 운영했다면 유지가 불가능한 보여주기식 운영이 될 수밖에 없었을 것이다. 하지만 보평중학교에서 그런 우려는 기우에 불과했다.

　가장 처음으로 구글 도구의 필요성을 제시한 것은 2019학년도 교육공동체 대토론회였다. 당시 구글 플랫폼의 필요성을 제기한 이유는 교사의 부차적인 행정적 업무 부담을 줄이기 위해서였다. 교사의 본분인 수업이 침해받지 않으면서도 공직자의 업무 수행을 효율적으로 운영하자는 좋은 의도가 담겨 있었다.

　하지만 아무리 좋은 도구라도 기존의 업무체계를 바꾸는 건 큰 도전이었다. 학교 공동체가 어떻게 수용할지 예측할 수 없었으나 '하느냐 하지 않느냐의 문제가 아닌, 언제 하느냐의 문제'라는 말이 떠오르면서 추진하는 방향으로 뜻을 모았다. 먼저 소규모 교사 공동체가 주축이 되어 학교문화 변화를 위한 준비를 시작했다.

　조직은 현재의 상태가 가장 익숙하고 편하다. 새로운 기능이 추가된 작은 변화에도 민감하게 반응하고, 적응하는 데 시간과 노력이 필요하다. 아무리 좋은 선택이더라도 갑작스러운 변화는 사람들에게 부정적인 이미지를 심어준다. 따라서 보평중학교 구글팀은 기존의 교사들이 자연스럽게 스며드는 상황을 만들고 싶었다.

　시스템 안정화 과정에서 핵심적으로 생각한 말은 바로 '넛지Nudge'였다. 넛지는 팔꿈치로 상대방을 쿡쿡 찌르는 동작을 의미하는데, 한마디로 일종의 자유주의적인 개입 혹은 간섭이라 할 수 있다. 즉 공동체를 바람직한 방향으로 부드럽게 유도하지만 선택의 자유는 여전히 개인에게 열려 있는 상태를 말한다.

구글팀이 나아가고자 하는 방향은 명확했다. 교육의 본질을 살리기 위한 업무 효율화, 과정과 성장이 중심이 되는 교육과정 재구성이라는 방향을 향해 모든 것이 이루어졌다. 하나씩 건네는 질문, 불현듯 보여주는 자료, 전시되어 있는 결과물 등을 통해 선생님들이 학교문화 속에서 불편함을 해결하고 필요성에 대해 생각해보게끔 환경을 재구성하고자 노력했다. 2019년 5월부터 구글 도구에 관심을 보이는 선생님들과 소규모로 의견을 나누기 시작했다. 옆자리 선생님, 옆 반 선생님, 같은 교과 선생님들과 소규모 학습공동체 팀을 만들었고 업무, 수업, 연수 등 관련 자료들을 자율적으로 쌓아가며 운영하기 시작했다.

교직원 공동체와의 공감대 형성

시간이 지나고 보평중학교 구글팀의 결과물이 쌓여감에 따라 운영에 대한 자신감이 생겼다. 특히 시스템에 대한 확신이 들었고, 학교문화 변화를 위해 자체적인 프로그램을 구성하기 시작했다. 이 과정에서 교장, 교감선생님과의 면담하는 시간을 갖고 G-Suite for Education의 도입을 부탁드렸다.

교장, 교감선생님은 교사가 현장에서 교육과 수업에 더 몰두할 수 있는 효율적인 과정으로 판단하고 심리적, 물적 지원을 약속하셨다. 면담 때 하신 '도구는 시간이 지나면 익숙해지므로 그 안에 교육과 성장을 담아야 한다.'라는 응원의 말씀이 기억에 남는다. 교직문화에서 과감한 변화와 혁신은 든든하게 지원해주는 교장, 교감선생님 없이는 이루어질 수 없다고 생각했다.

각 부장교사들은 본인의 업무 범위를 파악하고 변화를 위해 빠른 협의 과정을 거쳤다. 협의 과정을 통해 G-Suite for Education 도입에서 도와줄 부분들을 찾기 시작했다. 교내 자율 연수 시간은 부장교사들의 도움으로 2019년 12월부터 2020년 2월 사이에 확보되었다. 단기적 체험이 아닌 장기적인 학교문화 변화를 위해 2020년 학기 중에도 연수 시간을 계획했다. 이러한 장기적이고 지속적인 지지는 실무자로서는 매우 인상적이었다.

하드웨어적인 부분을 지원했던 행정실과 업무 담당 부장교사의 협업은 프로그램 도입과 안정화를 위해 가장 중요한 부분이었다. 온라인 기반의 업무, 클라우드 기반의 효율성을 추구하는 프로그램이었기 때문에 교내 와이파이 망이 가장 필요했고 행정실과 담당 부장교사는 이 부분을 선결과제로 정했다. 이후 모든 교실의 와이파이 망 도입과 무선 인프라 사업을 추진하기 시작했다. 이 과정에서 흔들림 없이 업무를 이끌고 변화를 도와주었던 것이 이번 코로나 사태에 보평중학교가 빠르게 적응할 수 있었던 가장 큰 힘이었다.

코로나 때문이 아닌 성장과 배움을 위한 변화

보평중학교는 2020년 3월에 닥친 온라인 개학, 코로나 상황을 해결하기 위해 새로운 도구나 방법을 찾은 것이 아니었다. 새로운 형태의 학생 성장 및 교육적 요구를 반영하기 위해 교사 집단이 먼저 준비하고 있었다. 코로나 상황이 가속화되며 계획했던 일정들이 몇 배로 빠르게 앞당겨진 것은 사실이다. 그러나 교사 공동체에서 중요하게 생각한 것은 역시 학생의 성장과 배움이었다. 이러한 공감대를 바탕으로 G-Suite for Education 도입은 자연스럽게 자리를 잡았고, 이후 급변하는 상황 속에서도 흔들리지 않고 유지, 발전시킬 수 있었다.

교육철학의 방향성을 제시한 교장, 교감선생님, 교육철학을 교육과정 내 녹여낼 수 있도록 장을 만들어준 부장교사, 실질적인 도구 사용을 안내할 구글팀이 구성되자 G-Suite for Education 도입은 일사천리로 진행되었다. 교육철학을 공유하고 있는 보평중학교 선생님들은 구글팀에서 준비한 교내 자발적 연수에 기꺼이 참여했고, 각자 본인의 속도에 맞게 준비했다.

처음 다루어보는 도구들이 낯설 때 거리낌 없이 편하게 동료에게 도움을 청할 수 있고, 내가 아는 것을 부담 없이 나눌 수 있다는 점은 교직에서 매우 가치 있는 문화라는 것을 이 현장에서 알 수 있었다. 낯선 도구 앞에서 나도 힘들고 너도 힘드니 우리 손잡고 같이 나아가자는 자세로 2020년 2월에 3일간 연수가 진행되었다.

그러던 중 코로나 상황이 심각해졌고 전면 원격수업 시행이 발표되었다. 아무도 예측할 수 없었던 일이었다. 모두가 당황했고 한 걸음 한 걸음이 새로운 시도였기 때문에 매우 조심스러웠다. 그 누구도 어떤 것이 최고의 선택일지 알 수 없었기 때문에 학교 내에서는 끊임없이 회의를 거듭하며 나아갔다.

코로나로 개학이 계속 연기되다 온라인 개학이 결정되고 4월부터 전면 온라인 학습이 시작되었을 때 보평중학교는 효율적인 학습 관리 시스템으로 구글 클래스룸을 선택했다. 선택 기준으로 가장 중요했던 것 역시 학생들의 성장과 배움이었다. 학생에게 필요한 다양한 학습 환경을 구성할 수 있고, 학습(배움)을 누적 관찰할 수 있으며, 피드백을 줄 수 있다는 점이 핵심이었다. 소통 측면에서 ZOOM과 같은 실시간 쌍방향 수업 제안도 있었으나 철저한 준비와 대비 없이는 심각한 사이버 문제가 발생할 수 있다고 판단하여 유보했다.

2020년 4월, 구글 클래스룸을 기반으로 한 온라인 수업이 본격적으로 시작되었다. 물론 시작부터 완벽한 형태로 진행된 것은 아니었다. 수업의 시작인 출결 확인부터 수업을 올리는 형태, 각 반의 클래스룸 설정 등 협의해야 할 문제가 계속 생겨났다. 이때 각 학년, 교과의 동료교사들은 끊임없이 대화를 나누고 협의하는 과정을 거쳐 규칙과 정형화된 형태를 갖춰나가기 시작했다. 이 원동력은 새로운 플랫폼에 대해 의견을 나누는 데 익숙한 문화에서 비롯된 건 아닐까 생각한다. 어느 교사도 수동적인 태도를 보이지 않았고, 자발적이고 능동적인 분위기, 협력적인 교사문화 속에서 서로 모르는 것들을 도와주며 점진적으로 성장하는 느낌이 인상적이었다.

요즘 교무실에서 자주 볼 수 있는 풍경은 선생님들의 '소규모 연수'다. 학기 초 3일간의 교내 연수를 통해 구글 클래스룸과 구글 도구, ZOOM에 대해 배웠지만, 이 모든 걸 한 번에 습득하기란 어려웠고 교사마다 습득하는 속도가 상이해 도구에 대한 두려움의 정도 역시 달랐다. 이때 교무실마다 자발적 소규모 연수가 펼쳐졌다. 누군가가 사전에 준비해 계획된 연수가 아닌 '물음에서 시작되어 누군가의 대답'으로 펼쳐지는 연수였다. "선생님, 구글 클래스룸에서 게시물 재사용 어떻게 했죠?", "선생님, 줌 화상회의에 학생 초대는 어떻게 하죠?", "선생님, 구글 슬라이드 사본 제공은 어떻게 했죠?" 이런 질문들이 나오면 관련 내용에 대해 더 많이 알고 있는 선생님이 질문자의 눈높이에 맞춰 설명을 시작했다. 이를 듣고 있던 주변 선생님들이 하나둘 모이고 곧 열띤 질의응답이 진행되는 연수의 자리가 만들어졌다.

질문에 답을 하는 선생님 역시 전문가가 아니므로 당연히 모르는 부분이 나왔다. 하지만 그때마다 서로가 정보를 검색하고 답을 제시하며 함께 채워나갔고 선생님들의 열의와 감탄 소리로 교무실이 채워졌다.

교사들은 연수가 끝난 후 자신의 자리로 돌아가 배운 내용을 토대로 직접 부딪치며 실습해나갔다. 평소에는 체감하지 못했던 '같이의 가치'를 크게 느낄 수 있는 부분이었다. 교사 혼자 준비하려 했다면 막막함과 두려움이 크게 다가와 앞으로 나아가지 못했을 것 같다. 하지만 새로운 것을 함께 배우고 성장하는 학교문화가 있었기에 어려움을 이기고 부딪치며 앞으로 나아갔다. 수업 공개와 교사 학습공동체로 오랫동안 다져진 '함께 배우고 함께 성장하는 학교문화'가 코로나19라는 격변의 상황에서도 빛을 발한 것이다.

살아 있는 수업에 대한 목마름

2020년 1학기는 질풍노도와 같은 시기였다. 처음 써보는 도구들을 활용하여 수업을 만들어내야 했고, 학생들의 참여를 유도해야 했으며, 학부모를 비롯한 사회적 요구도 수용해야 했다. 모든 것이 휘몰아치는 소용돌이 속에서 믿을 건 동료교사였다. 어려움을 나누고, 서로 아는 부분을 공유하여 어제보다 나은 수업을 만들어갔다. 그렇게 고군분투해가며 두 달이 지나 도구에 익숙해지고, 코로나 상황이 장기화하자 학생들이 눈에 밟히기 시작했다.

G-Suite for Education의 안정화, 소규모 연수 등 다양한 도구적, 기술적 부분은 안정되었지만, 수업이 살아 있는 것 같지 않다고 느끼는 교사가 늘어났다. 온라인 수업이지만 살아 있는 수업이 필요하다고 생각했다. 바로 기존 보평중학교 수업의 힘인 수업 나눔, 토의, 토론, 집단지성을 향한 목마름이었다.

토론과 같이 학생 중심으로 수업을 이끌어가는 데 익숙해 있던 보평중학교 선생님들에게 온종일 모니터만 보는 일은 '교사'로서 만족감을 주지 못했다. 그때부터 하나둘씩 보평중학교가 생각하는 살아 있는 수업을 위한 다양한 시도를 시작했다. 실시간으로 글을 공유할 수 있는 도구를 이용하여 최대한의 소통을 시도해보고, 휴대폰 메신저를 모둠별로 오픈하여 작은 토론 및 대화를 시도해봤다. 교사들은 학생들의 질문을 해결해주기 위해 언제든 전화 통화도 마다하지 않았다.

그래도 결국 학생들의 눈빛을 볼 수 없고, 목소리를 들을 수 없으니 근본적으로 학생중심수업을 진행하기 어려웠다. 5월에 부분 등교가 시작되자 그 갈증은 더욱 심해졌다. 학교에서 마스크를 끼고서라도 서로 만나서 재잘거리는 아이들을 보니 모니터 앞에서 혼자 클릭만 하면 진행되는 일방적 온라인 수업이 불만족스러웠다. 결국 모두가 부담스러워했던 실시간 쌍방향 수업을 선생님들이 자발적으로 진행하기 시작했다. 실시간 쌍방향 수업의 장점들이 주목받고 주변으로 퍼져갔다.

그러던 찰나, 교육청 내부 지침이 내려왔다. 2학기 실시간 쌍방향 수업 전면 시행에 관한 내용이었다. 당연히 실시간으로 쌍방향 수업을 한다는 것에 부담감을 가지는 선생님들도 있었다. 교사들이 가장 부담스러워했던 것은 90분 블록타임 수업 내내 쌍방향 수업의 형태를 운영하는 것이었다. 하지만 교육청 지침 역시 실시간 쌍방향 수업 형태를 교사별로 탄력적으로 운영할 수 있도록 자율성 있는 운영 방법의 예시를 제공하였다. 이로 인해 부담감을 가지던 교사들 역시 과제형과 쌍방향 수업을 섞어서 수업을 구성해내는 등 부담감을 덜어낸 모습이었다.

많은 교사가 처음에는 쌍방향 수업에 대한 부담감으로 과제 형태의 수업을 제공했다. 하지만 수업에서 점점 학생과의 상호작용을 통한 배움의 환경을 구성하는 것이 수업에서 가장 필요한 형태임을 느꼈다. 그래서 교사 스스로 온라인 수업의 구조를 바꿔가려는 분위기가 만들어졌고 이런 변화가 또다시 보평중학교 성장의 발판이 되었다.

학교 공동체는 두려움을 모른다

2월에 우리 교사들의 고민과 필요로 G-Suite for Education 도입을 시작한 찰나 코로나 사태로 전면 온라인 수업을 맞이했고, 6월에는 교사들의 고민과 필요 때문에 실시간 쌍방향 수업을 시작한 찰나 교육청으로부터 전면 쌍방향 수업 실시 방침 소식을 들었다.

왜 보평중학교는 늘 한발 빠른 것일까? 그것은 바로 학교의 모든 중심이 '학생'에 있기 때문이다. 무엇이 학생을 위한 수업인가를 끊임없이 고민하고, 새로운 도전을 마다하지 않는 교육철학이 공유되어 있으므로 가능한 일이었다. 조직 구성원의 공감대를 토대로 한 자발성은 든든한 원동력이었다. 급변하는 상황에 모두가 우왕좌왕 흔들리는 와중에도 올바른 목표를 공유한다면 결국 앞으로 나아간다. 올해 우리는 그 힘을 온몸으로 체감했다.

온라인이라는 새로운 공간에서 개인 혼자서는 예측, 통제할 수 없는 상황들이 너무 많다. 하지만 학교 전체가 움직이면 그 힘과 영향력이 달라진다. 교사 내부의 공감대가 형성되면 학부모에게 과정과 계획을 상세히 알려 의견을 나누고, 이후 학생에게 일관되고 지속적인 교육을 할 수 있다. 교사도, 학부모도, 학생도 모두가 처음인 상황이지만 이렇게 3주체가 끈끈하게 연결되니 공동체가 올바른 방향을 향해 전진할 수 있었다.

코로나는 당연히 종식될 것이고 우리는 일상으로 돌아갈 것이다. 하지만 우리가 돌아가는 일상은 과거의 우리가 기억하는 그 일상이 아닐 것이다. 교사와 학생, 학부모의 인식이 바뀌었고 강제로 앞당겨진 온라인 수업 환경은 많은 도전과 과제를 우리 앞에 남겨두었다.

빠르게 변화하는 세상에 적응하기 위해 필요한 건 교사가 학생이던 시절의 기억이 아닌 지금 시대를 살아가는 학생들에게 필요한 교육과 역량이다. 변화에 대한 두려움은 점점 커지고 당사자들은 그만큼 움츠러들기 쉬운 환경이다. 누구나 새로운 변화에 두려움을 가질 수 있고 그 두려움은 당연하다. 두려움의 이유는 대면하지 못함에서 오는 막연함일 것이다. 그 두려움을 극복하는 것은 본인의 의지와 더불어 무엇보다 동료, 공동체적 문화에서 나오는 긍정적인 에너지가 아닐까 생각한다.

빠르게 변화하는 교육환경과 학교문화에 서로 잘 준비하고 대응할 수 있도록 같은 교과, 같은 학년 선생님이 도와주어야 한다. 무엇보다 학교의 어른인 교장, 교감선생님이 선생님들이 두려워하지 않고 도전할 수 있도록 긍정적이고 안정감 있는 분위기를 만들어 교사를 지지해주는 것이 중요하다.

내가 진행하는 수업을 통해 교실과 학교가 바뀌게 된다. 또한 이 학생들이 사는 지역에 영향을 미치게 되고 지역이 바뀌게 되면 그 안에서 생활하는 우리의 삶이 바뀌게 된다. 이 과정은 긍정적인 것에만 적용되는 것이 아닌 부정적인 것에도 적용된다. 우리의 교육적 의도가 부정적으로 왜곡된다면 그 영향 역시 우리 지역에 영향을 주고 우리 삶에 영향을 준다고 생각한다. 온라인이라고 다르지 않다.

보평중학교가 코로나 시대에 헤쳐온 길은 편안하지만은 않았다. 하지만 힘든 환경 속에서 함께 학교문화를 지키려고 노력한 많은 과정이 우리에게는 남아 있다. 어떤 문제를 풀 때 찍어서 푼 학생과 열심히 푼 학생이 있다. 두 학생의 시험 결과가 같다 한들 모든 것이 같지는 않다. 다음 시험에서는 열심히 푼 학생에게 더 좋은 결과가 되돌아올 것이다. 이러한 힘이 바로 과정의 힘이다.

혁신의 과정과 변화하는 문화에 적응하는 단계에서 누구나 두려움을 가지고 힘들어할 수 있다. 하지만 큰 줄기에서 변화의 방향이 옳다고 공동체가 판단한다면 중간중간 겪게 되는 어려움과 제한 사항을 어떻게 극복할 것인가에 몰입해야지, 어려움 때문에 물줄기 방향을 바꾸는 일은 없어야 한다.

소수의 구성원이 변화의 필요성을 제시하였을 때 그것을 허용하고 긍정적으로 바라보는 학교문화, 10년이라는 세월 동안 차곡차곡 쌓인 서로 존중하는 학교 분위기가 형성되지 않았다면 지금 보평중학교에 학생 중심의 온라인 수업을 위해 노력하는 모습은 나타나지 않았을 것이다.

앞으로 제2, 제3의 코로나 상황은 언제든지 올 수 있다. 그때는 원격수업이 아닌 또 다른, 우리가 상상할 수 없는 형태의 수업을 해야 할 수도 있다. 공유와 협력이 문화로 자리 잡혀 있는 보평중학교에서는 그게 어떤 모습으로 오든 치열하게 고민하고 성장하며 학생 중심으로 학생 참여가 가능한 수업을 만들어낼 것이라 믿어 의심치 않는다.

3부

리더를
키우는 학교

—

학교민주주의의
숲을 가꾸는
리더십

1장

존중과 배려로
다가가는 리더

교사의 성장을
어떻게
지원할까?

곽원규 2009. 9 - 2013. 8 보평중 교장

성장 없는 수업 공개는 이제 그만

2010년대 초반까지만 해도 수업 공개는 '장학'이라는 이름으로 이루어졌다. 학년 초에 교과별로 한 명씩 선정하여 돌아가면서 수업 공개를 하였다. 때에 따라서는 약식 장학의 형태로 교장, 교감이 수업을 관찰한 뒤 지적하기도 하고, 교육청에 부탁하여 요청 장학 및 컨설팅 장학을 받기도 하였다.

보통 학교 내에서 수업 공개자를 정할 때 교과협의회를 개최하는데 대부분 할 수 없는 이유를 대며 빠지려고 한다. 결국 역학관계에서 가장 약한 선생님이 선정된다. 그리고 동 교과 선생님이 수업 시간을 바꾸어 참관을 하고 수업 후 협의회를 한다. 학생들도 평소와는 다른 방식으로 수업을 하기 때문에 보여주기 수업이라는 것을 안다.

수업 공개가 끝나고 그 이튿날부터 평상시 했던 강의식, 암기식 수업으로 되돌아간다. 수업은 공개하였으나 수업을 한 교사나 수업을 참관한 교사 모두 성장이 이루어지지 않는다. 이 같은 교사 성장이 없는 수업 공개를 수십 년간 반복해왔던 것이다.

선생님들의 수업 성장을 위한 방법이 없을까?

선생님은 늘 바쁘다고 말하고, 실제로도 정신이 없을 정도로 바쁜 것이 현실이다. 그래서 어떻게 하면 선생님들이 함께 공부할 수 있을까 고민하였다. '매주 정해진 요일에 2시 30분부터 4시 30분까지 2시간씩 시간을 확보해주면 어떨까?' 하고 생각해보았지만 시간을 확보해주어도 대부분의 선생님은 공부를 하지 않을 것 같았다. 일과 중 2시간은 행정적인 업무나 개인 업무를 처리하기에 딱 좋은 시간이기 때문이다.

선생님들이 아무리 바쁘더라도 함께할 수밖에 없는 시스템이 있다면 효과가 있을 것으로 판단되었다. 그래서 고안해낸 시스템이 전문적학습공동체이다. 학교의 문제를 함께 분석하고, 선생님 스스로를 돌아보면서 성찰한 뒤 이를 바탕으로 동료교사와 함께 실천할 때 수업과 학생생활교육이 바뀐다고 생각했다. 그래서 선생님이 공부할 수 있도록 주 1회 5교시 수업을 하고 학생을 귀가시킨 뒤 2시간을 확보하는 모험을 단행하였다. 매주 목요일 학습공동체 실시 날은 방과후 학습을 하지 않고 가급적 교사의 출장 및 조퇴가 없도록 하였다.

2012학년도 전문적학습공동체 운영과 관련하여 교사 토론회가 있었다. 교장인 나는 출장으로 참석하지 못했다. 다녀와서 회의 결과를 듣고 고민에 빠졌다. 목요일에 6교시까지 수업을 하고 3시 30분부터 퇴근 이후 30분을 포함하여 5시까지 90분간 운영하기로 결정하였다는 것이다. 이유는 목요일에 5교시 수업을 하니 7교시 수업을 하는 날이 3일로 늘어나 학생도 힘들어하고 교사도 힘들다는 것이다. 그래도 교사의 헌신을 바탕으로 퇴근시간 이후까지 하기로 했단다.

교장으로서 이를 인정할 수 없었다. 전체교사연구회, 학년교사연구회 등을 운영하려면 최소 120분 또는 그 이상 필요했다. 2011학년도 전문적학습공동체는 2시 30분에 시작했어도 퇴근시간인 4시 30분에 끝난 적이 거의 없었다. 그런데 90분을 편성하면 충분한 논의가 될 수 없고, 시간이 지날수록 슬그머니 빠져 퇴근하는 사람이 생긴다. 그러면 조직 전체가 이완되어 학습공동체가 형식화될 우려가 있다. 그래서 부장회의에서 다시 논의하고, 전체교사회의에서 설득하여 종전처럼 일과 중에 120분을 확보하였다. 매우 힘든 과정이었다.

선생님들이 수업 연구에 더 힘쓰고, 수업과 학생생활교육에 전념하기 위해서는 교사 업무 경감이 필수적이다. 그래서 다음과 같은 원칙 아래 접근하였다.

첫째, 학교는 교육과정 중심으로 운영했다. 언제부터인가 교육과정 이외의 다양한 활동을 하는 학교가 좋은 학교로 비치는 것을 보았다. 교사가 교육과정 이외의 사업에 많은 시간을 투입하면 정규수업이 소홀해질 수밖에 없다. 교육과정 이외의 실적 중심 사업, 전시성 사업을 축소 또는 폐지하고, 교육과정 내의 사업이라 해도 목적에 맞게 간소화했다.

둘째, 교무행정은 보직교사, 비담임, 행정실무사 중심으로, 학생생활교육, 인성교육은 학년부장 및 담임 중심으로 하였다. 나이나 업무와 상관없이 모든 교사는 협동적 관계를 바탕으로 배움중심수업, 학생생활교육, 인성교육을 해야 한다. 그래서 교무행정은 보직교사, 비담임, 행정실무사가 더 많이 하고, 학생생활교육, 인성교육은 학년부장과 담임교사가 더 적극적으로 하도록 하였다.

셋째, 행정실무사의 역할과 책무성을 강화했다. 업무 경감에서 행정실무사는 매우 중요하다. 그래서 독자적 기안권을 부여하고, 핵심적인 업무를 부과하여 일 속에서 기쁨을 느끼게 하였다. 즉, 실무사-담당교사-부장교사-교감-교장의 체계에서 담당교사를 뺀 실무사-부장교사-교감-교장의 체계로 전환하여 교사의 업무를 줄였다.

대표 실무사는 부장회의 참석을 의무화해 학교 전반의 정보를 공유하게 하였고, 호칭은 선생님으로 부르도록 하였다. 학생이나 학부모 입장에서 보면 교무실에 있는 사람은 모두 선생님이기 때문이다. 지금은 일반화되어 있지만 당시로서는 매우 혁신적인 것이었다.

넷째, 일벌레와 무임승차를 방지하도록 하였다. 나이가 많다는 이유로 담임도 업무도 하지 않겠다는 것은 바람직하지 않다. 무임승차를 하지 않도록 전략적으로 자극하는 것도 교장의 역할이다. 단, 아픈 사람에 대한 배려는 놓치지 않았다. 공정하고 균형 잡힌 업무분장을 통해 일벌레도 방지하였다.

핵심은 선생님이다

불행하게도 수십 년 동안 정부가 추진한 교육개혁은 교실의 문턱을 넘지 못했다. 왜냐하면 교육개혁의 최종 단계는 학생과 선생님이 만나는 장면의 개혁이기 때문이다. 학생과 교사가 만나는 장면이란 결국 수업의 장면이요, 학생생활교육 및 인성교육의 장면일 것이다. 수업의 내용, 방법, 평가의 혁신을 통해 학생을 변화시킬 수 있고, 이는 단위학교 구성원들이 해야 할 매우 중요한 일이다. 보평중학교는 모든 선생님들이 이와 같은 관점에서 노력하였고, 그 결과 학생과 선생님이 함께 성장했다.

학생들은 내면적 성장이 이루어지고 배움중심수업, 학생 활동중심

수업을 실천함으로써 학생들이 즐겁게, 적극적으로 수업에 참여했다. 학교폭력이 줄어들었고, 학생과 학생 사이의 관계, 학생과 교사 사이의 관계 맺음이 좋아졌다.

선생님들은 열정을 바탕으로 수업과 학생생활교육 전문성을 신장시켰다. "교장선생님! 우리 집 아이가 중학교 갈 때가 되었는데 우리 학교에 보내고 싶어요." 이렇게 말하는 선생님도 있었다.

제도개혁 및 예산 지원만으로는 학교를 바꿀 수 없다. 이를 수행해야 할 사람이 일선 학교 교사이기 때문에 결국 이들의 생각과 실천 의지를 존중해야 한다.

사람 중심의 혁신

조완기 2012. 9 - 2017. 8 보평중 교감, 2017. 9 - 현재 보평중 교장

혁신학교가 지속되려면 필요한 것

작은 것 하나까지 학교 구성원과 함께 고민하고, 함께 결정하고, 함께 실천하는 것으로 학교의 변화와 혁신을 시작했다. 다시 말하면 고민하고, 결정하고, 실천하는 과정에 학교 구성원, 특히 교사가 주도적으로 참여해 민주주의를 실천하는 것으로부터 혁신학교가 태동했다 할 수 있다.

초창기 혁신학교에서 학교장은 대개 공모교장으로 4년 동안 근무했다. 이는 적어도 4년 동안 학교 정책의 일관성과 지속성을 유지하는 바탕이 되었다. 본교의 경우에는 2009년 9월 1일 개교와 함께 초대 공모교장이 4년 동안 근무하면서 혁신학교의 큰 틀을 마련했고, 2대 공모교장이 2013년 9월부터 4년 동안 근무하면서 혁신학교의 수준을 심화시켰다. 현재 3대 공모교장은 본교 교감을 자원自願하여 2012년 9월부터 근무하다가 2017년에 공모교장으로 혁신학교를 승계하고 있다.

전임 교장에서 후임 교장으로 바람직하게 승계되지 못하면 어떻게 될까. 마이클 풀란은 《학교를 개선하는 교장》에서 이렇게 경고했다.

"최근의 성공은 지속되지 않고, 얻어진 성과들은 사라져버리고, 지속되는 것은 이전의 아주 평범한 패턴으로 재구조화된 것이다. 결국 최종적으로 학교는 침체 상태에서 규칙적인 패턴을 그리며 발전과 후퇴를 거듭하는 반복적인 악순환에 들어가게 된다."

혁신학교의 학교장은 구성원과 함께 합의된 교육철학을 실천한다. 혁신학교의 학교장은 학교 구성원의 일원으로 학교 구성원과 함께 고민하고, 함께 결정하고, 함께 실천한다. 교장·교감이 뒷전으로 밀려나거나 배제된 상태의 고민, 결정, 실천보다는 교장·교감이 뒷받침하는 고민, 결정, 실천이 더욱 추동력을 얻는다. 교장·교감은 고비마다 구성원을 설득하고, 격려하고, 이끌어가는 견인차 역할을 수행한다.

　지속적인 변화와 혁신을 견인하는 것이 시스템인가 아니면 사람인가? 개교와 함께 혁신학교로 출발하여 4년 차 진입하는 시점인 2012년 9월 본교 교감으로 부임하여 현재 공모교장에 이르기까지, 그동안 경험을 반추하면 시스템과 사람은 상보相補적 관계인 것이 분명하다. 시스템이 사람을 움직이게 하고, 사람이 시스템을 움직이게 한다. 계란과 닭의 관계와 비슷하다.

　본교의 시스템은 교장·교감·교사가 함께 고민하고, 함께 결정하고, 함께 실천하는 과정 속에서 구축되었다. 교장이나 교감이 미리 가이드라인을 제시하지 않았다. 학교 교육과정, 교수학습, 평가 분야에서 시스템은 집단지성이 작동되는 교과협의회, 학년협의회, 학기말 대토론회의 난상 토론 속에서 구체적 모습을 드러냈다. 그런 속에서 교사의 자발성, 전문성, 책무성을 이끌어냈다. 그래서 본교의 시스템은 긴 생명력을 유지했다고 본다.

　8년 동안 교감, 교장으로서 교과협의회, 학년협의회, 학기말 대토론회의 과정을 일관一觀한다면 교사 주도적으로 선택하고 집중하기 위한 변화의 여정이었다. 다소 방만한 모습에서 기본에 충실하자는 쪽으로 방향을 잡았다. 그 과정에서 많은 것들을 버렸지만, 교수학습과 평가 분야를 더욱 정교하고 풍요롭게 만들었다. 그리고 그런 토양 속에서 본교에 전입한 교사들은 자연스럽게 기존의 학교 질서에 동화되었다.

　그렇지만 그런 시스템의 구축만으로는 부족했다. 다른 추동력이 필요했다. 학교현장에서 새로운 교장이 부임하면 기존의 학교 질서가 무너지고 새로운 학교 질서가 만들어지는 사례를 많이 목격했다. 또 전임 교사가 자신의 교과 교육과정을 매우 훌륭하게 운영하다가 후임 교사에게 축적된 교과 교육과정을 인계하고 떠나도 전임 교사의 축적된 교과 교육과정이 후임 교사에게 크게 도움이 되지 않는 경우도 목격했다. 그만큼 사람이란 요인이 중요하다는 뜻이다.

학교를 향상시키는 방안

본교는 역량과 인성을 겸비한 교사를 초빙하고자 노력했다. 2018학년도의 경우에는 교장·교감·교사 총 45명 가운데 15명이 초빙교사였고, 초빙교사가 본교의 성장과 발전에 크게 공헌했다. 초빙교사 심사과정과 초빙교사제 운영 평가 때 학교장으로서 다음과 같이 초빙교사에게 책무성을 부여했다.

"학교장으로서 저는 우리 학교를 한국 최고의 학교로 만들 선생님을 초빙하고 싶습니다. 학교장으로서 저는 우리 학교를 한국 최고의 학교로 만들기 위하여 노력하는 선생님을 존경합니다."

토드 휘태커Todd Whitaker는 《위대한 교장은 무엇이 다른가》에서 학교를 향상시키는 두 가지 방안을 제안했는데, 첫째는 훌륭한 교사를 확보하는 것이다. 교장, 교감만의 역량으로 변화와 혁신을 견인하는 것은 불가능하다. 역량과 인성을 겸비한 초빙교사, 그리고 본교의 철학과 방향을 이해하고 솔선수범한 다수의 교사가 있었기에 본교가 소기의 성과를 축적했다고 믿는다.

토드 휘태커의 두 번째 제안은 현재 근무하는 교사의 수준을 개선하는 것이다. 누구나 이 제안에 동의하지만, 우리 교육현장에서 교사의 수준을 개선하는 것이 그리 쉬운 일은 아니다. 성급한 마음에 단기간의 연수, 워크숍 등을 투입했지만, 과연 만족스러운 결과를 얻었는가? 교직 경험을 반추하면 헤아릴 수 없을 정도로 많은 연수를 받았다. 그런 연수, 워크숍 등이 얼마나 우리 교육현장에 변화와 혁신을 초래했는가? 이 시점에서 반성적 성찰이 필요하다.

교장, 교감이 학교의 장학 담당자로서 역할을 수행하도록 초중등교육법 제20조는 규정하고 있다. 그렇지만 교사의 역량을 신장시키기 위하여 교장, 교감이 지나치게 개입한다면 실패할 가능성이 높다.

결론적으로 위에서 감독, 감시한다는 느낌이 드는 순간부터 교사는 변화와 혁신에 매우 수동적 자세를 취하고, 변화와 혁신을 거부하게 된다. 장학관(사)이 학교를 방문하는 것이 반갑지 않고, 지금까지 교장·교감의 장학 활동이 제 역할을 하지 못하는 이유이다.

《학교를 개선하는 교장》에서 마이클 풀란Michael Fullan은 다음과 같이 지적한다.

"역할 수행에 필요한 역량은 몇 번의 워크숍이나 일대일 멘토링을 통해서는 익힐 수 없다. 맥락을 통해 배운다는 것learning in context은 우리가 학교문화를 개혁하는 데 집중해서 그 결과, 교육자들이 자신들이 일하는 환경 속에서 지속적으로 배우는 것을 필요로 한다."

즉 성급한 단기적 방안보다는 느긋한 장기적 방안이 필요하며, 이는 시스템적 접근이고 문화적 접근이어야 한다. 가장 유력한 대안은 교사 조직을 학습공동체 조직으로 만드는 것이다. '백지장도 맞들면 낫다'라는 속담도 있지 않은가. 혼자보다는 함께하는 것이 더 낫다는 말이다. '친구 따라 강남 간다'는 속담도 있다. 옆 동료교사가 교수학습 혁신 및 평가 혁신을 위하여 노력하는 것을 지켜보면 쉽게 동료교사의 제안을 받아들이고, 쉽게 자극을 받게 된다는 것이다.

교사의 교수학습 전문성 및 평가 전문성을 높이기 위하여 교사의 자발성, 전문성, 지속성을 담보하는 것이 절실히 필요하며, 그것이 바로 교사 조직을 학습공동체 조직으로 만드는 것이다. 역시 동료교사의 어깨에 기대며 협동적 연구활동을 추구하는 학습공동체 문화를 안착시키려는 본교의 노력이 옳았다.

학교혁신의 핵심은?

어떤 분야에서 이른바 달인達人의 경지에 오르기 위해서는 그 분야에 1만 시간 정도는 투자해야 한다는 '1만 시간의 법칙'이라는 것이 있다. 그렇다면 수업에 1만 시간 정도 투자하면 수업의 달인이 될 수 있는가? 같은 교재, 같은 주제로 수업을 준비하고 교실에 들어가지만 그 학급만의 분위기, 수업 시간대 등에 따라 다양한 반응이 나타난다. 수업은 사람과 사람의 만남이기 때문에 그때마다 다른 반응이 나타나는 것이다. 다시 말하면 사람과 사물의 교류에서는 달인이 있지만, 사람과 사람의 교류에서는 달인이 없다. 달인에게 자신의 일은 손에 익어 너무 쉽지만, 교사에게 교수학습, 평가, 학생생활교육은 여전히 힘들고 어렵다.

마이클 풀란은《학교를 개선하는 교장》에서 교육개혁의 블랙박스 black box는 교실수업이고, 학교개혁의 초점은 교실수업 개선이며, 이는 수업의 탈사유화de-privatizing teaching로부터 시작된다고 했다. 이런 측면에서 본교가 초지일관 교사는 수업으로 성장한다는 공동의 인식에 따라 동(타) 교과 교사, 동 학년 교사가 함께 수업을 디자인하고, 함께 학습 자료를 만들어 공유하고, 서로 수업을 공개하고 토론하는 협동적 연구활동을 추구했던 교실수업 개선 방향이 옳았다.

교사 조직의 성장은 동료 성장staff development 없이는 불가능하다는 믿음에 따라 공동 연구, 공동 성장을 추구했다. 이를 위하여 본교는 개교 당시부터 현재까지 본교 교사, 경기도 교사, 타 시도 교사를 대상으로 수업을 공개했다. 2018학년도의 경우에는 공식적으로 연 10회 수업을 공개했고, 이어서 수업을 참관했던 타 학교 교사, 본교 동(타) 교과 교사, 동 학년 교사, 교감, 교장이 참석하는 수업 연구회를 열어 교수학습, 평가, 학생생활교육을 매우 심도 있게 논의했다.

이제는 전입 1년 차 교사가 자청하여 수업을 공개하는 사례도 있고, 전입 2~3년 차부터는 대다수 교사에게 수업 공개가 자연스러운 분위기로 정착되었다. 교장, 교감의 개입 없이 교사들 스스로 수업 공개교사를 결정한다. 전입한 교사, 저경력 교사에게 수업 공개를 떠미는 오래된 인습은 이미 사라졌다.

공립학교의 경우에 전출, 휴직 등으로 대략 재직 교사의 3분의 1 이상이 전입교사 또는 기간제 교사로 충원되는 것이 현실이다. 본교는 2018학년도에 교장·교감·교사 45명 가운데 16명이 기간제 교사였다. 오랜 세월 공들여 쌓은 탑이라도 한 모퉁이가 균형을 잃으면 무너지는 것은 순간이다. 연 10회의 공식적 대외 수업 공개와 연 2회의 내부 수업 공개 기조가 긴 생명력을 유지한 덕분에 10년 동안 본교 교사들에게 풍성한 수업 임상 경험을 제공했다. 그리고 이런 노력은 흔들림 없이 교수학습 혁신과 평가 혁신으로 가는 지름길이었다.

학교자율경영은
가능한가?

홍기석 2013. 9 - 2017. 8 보평중 교장

교장의 자율성과 권한

교육자치, 학교민주주의와 유사한 개념으로 학교자율경영이 있다. 학교자율경영이 강조될 때마다 교장선생님들이 공통적으로 하는 말이 있다. "학교는 점점 자율은 없어지고, 책임은 늘어나고 있다." 이 말에 대하여 나는 반은 동의하고 반은 동의하지 않는다.

교육부나 교육청은 학교에서 일어나는 거의 모든 활동에 지침이나

규정 매뉴얼을 보내고 있다. 예를 들면 학교생활기록부 작성에는 학교생활기록부 작성지침이라는 것이 있는데 무려 250페이지에 이른다. 지침에는 어디에 무엇을 기록해야 하고, 무엇은 기록해서는 안 된다는 자세하고 친절한 설명이 들어 있다.

이런 매뉴얼이 올 때는 보통 도교육청에서 시군 지역교육청의 장학사를 소집하여 연수와 함께 학교에 어떤 방식으로 전달하고, 학교에서 작성한 것을 어떻게 점검하고 컨설팅할지 알려준다. 그럼 지역교육청의 장학사는 학교의 담당자를 소집하여 연수하고, 학교 담당자는 학교에 가서 전체 교사에게 전달 연수를 하게 된다. 교육지원청은 지원단을 구성하고 중간중간에 컨설팅하거나 학교에서 작성한 생활기록부를 점검하여 잘못된 부분들은 다시 작성하라고 한다. 이렇게 학교별로 점검한 결과를 학년말에 도교육청에 보고함으로써 학교생활기록부 사업이 마무리된다. 이 과정은 친절하고 꼼꼼하다.

학교는 학교생활기록부 사업만 하는 것이 아니라 학업성적관리 사업, 체험학습 사업, 방과후학교 사업 등등 셀 수 없을 만큼 많은 사업을 진행한다. 그때마다 촘촘한 지침이 내려오고 점검을 한다. 거의 모든 분야에 걸쳐 지침이나 매뉴얼이 내려가기 때문에 학교장의 입장에서는 학교 스스로 자율적으로 결정할 부분이 거의 없다. 다만 그 지침대로 학교가 성실하게 했는지 안 했는지에 대한 책임을 물을 뿐이다. 그래서 자율권은 점점 없어지고 책임만 늘어나고 있다는 말에 동의한다.

그러나 교사들의 입장은 다르다. 학교의 모든 일은 교장의 권한 아래에 있다고 생각한다. 교감으로 근무할 때 가장 곤혹스러웠던 일은 학교의 부장교사나 교사들이 수시로 와서 "교감선생님 이것은 어떻게 할까요?"라고 묻는 것이었다. 학교에서는 크고 작은 일을 교장이나 교감이 정해주어야 한다. 그러다 보니 교사의 입장에서는 학교장의 권한이 매우 크다고 생각한다.

자율권 크기에 관계없이 학교에서 가장 권한이 큰 사람은 학교장이다. 학교장의 권한은 학교의 권한이고, 그 권한으로 할 수 있는 일은 적지 않다. 이런 점에서 나는 "자율은 없어지고 책임은 늘어났다"라는 말에 동의하지 못한다. 보평중의 배움 중심의 수업, 성장 중심의 평가, 체육과 스포츠클럽을 연계한 선택 중심 교육과정, 방과후학교와 연계한 동아리 교육과정, 학생자치 중심의 창의적 체험활동 등 모든 것들은 학교의 자율권을 최대한 활용한 교육과정들이었다.

학교에 대한 신뢰

지금의 교육자치나 학교민주주의가 아니더라도 학교자율경영이란 말이 나온 지는 오래되었다. 이 말을 처음 들은 건 1995년 5·31교육 개혁조치 때부터로 기억된다. 그런데도 왜 아직 현장에 자율경영이 정착이 되지 않고, 규정이나 매뉴얼은 점점 더 많이 만들어지고 촘촘해지는 걸까? 그것은 학교에 대한 믿음이 없기 때문이다. 학교가 알아서 잘할 거라는 신뢰가 없기 때문에 지침이나 매뉴얼이 만들어진다고 생각한다. 말하자면 잘 못하는 학교가 생기지 않도록 하는 안전장치인 것이다.

또 한편으로는 교육부나 교육청도 억울한 면이 있다. 학교현장에서 끊임없이 지침이나 매뉴얼을 요구하고 있기 때문이다. 학교현장에서 자주 듣는 이야기 중 하나가 '뭔가 바뀌었다고 하는데 매뉴얼 하나 없다, 우리에게 매뉴얼을 달라'라는 요구이다.

학교자율경영으로 가기 위한 선결조건은 학교에 대한 신뢰라고 생각한다. 교육청이 학교를 신뢰하지 않을 때 학교자율경영은 일어나기 어렵다. 요즘처럼 복잡하고 민원이 많은 때에 교육청에게 학교를 믿고 기다려달라는 것은 쉬운 일이 아니다. 신뢰는 다른 사람의 혓바닥 위에 나를 올려놓는 것만큼 위험하다고 한다. 그러나 신뢰라는 자본은 사용하지 않으면 고갈되는 자본이고, 쓰면 쓸수록 늘어나는 자본이라고 한다.

또한 학교자율경영은 학교장의 자율경영도 아니다. 구성원들의 학교민주주의를 통한 학교자치를 말한다. 그래서 무엇보다도 학교장은 학교 구성원을 신뢰해야 한다. 보평중의 학교자치는 구성원에 대한 신뢰로부터 시작되었다. 신뢰를 바탕으로 한 적절한 권한 위임은 교직원과 학생, 학부모의 자발성을 이끌어냈다. 특히 교직원들의 자발성은 보평중만의 색깔 있는 교육과정을 만들어냈다.

* 김용,《학교자율운영 2.0》, 살림터, 2019

학생과 학부모까지 모두가 참여하는 대토론회는 지난 1년의 교육 과정을 함께 살펴보고 성찰하면서 다음 해 교육과정의 방향을 정하는 중요한 과정이었다. 대토론회는 보통 밤12시까지 진행되었지만, 그동안에 우리가 한 교육활동에 뿌듯함과 내년에 대한 기대로 피곤한 줄 몰랐다.

학생이 행복한
학교

곽원규 2009. 9 - 2013. 8 보평중 교장

어떤 학교를 만들고 싶은가?

교직은 그 자체로 고되지만 보람 있는 직업이다. 학생의 삶에 변화를
주고, 한 사람의 인생을 바꿀 수 있다는 점에서 선생님이 가진 힘과 매
력은 매우 크다. 나는 수시로 '왜 교장이 되려고 하는가?'를 자문해보
았다. '교장이 되면 학교를 어떤 모습으로 만들 것인가? 학생들에게 어
떤 교육을 시킬 것인가? 학생을 어떻게 볼 것인가?'에 대해 고민했다.

혁신학교는 '학생이 행복한 학교'를 지향한다. 그렇다면 학생이 행복한 학교란 무엇일까? 학생의 학교활동 가운데 가장 큰 비중을 차지하는 것은 수업, 즉 교육과정 운영에 참여하는 일이다. 따라서 학생의 행복은 수업 속에서 찾을 수 있다. 활기찬 학교, 행복한 교실이 되려면 '교과수업'이 즐거워야 하고, '체험활동'이 전문적으로 운영되어야 한다.

즉, 교과수업 속에서 지적 희열과 지적 만족을 느끼는 것, 창의적 체험활동 속에서 체험적 즐거움을 느끼는 것이 행복이라고 생각한다. 지적 희열, 지적 도약이 있는 수업을 통해 지적, 정의적 능력이 성장하는 즐거움을 느끼는 것이야말로 진정한 행복이 아닐까?

학생중심수업으로 바꾸면 달라지는 것

이를 위해 수업이 교사중심수업에서 학생 배움중심수업으로 바뀌어야 한다. 이때 교사들이 겪는 가장 큰 어려움은 교과서 진도, 학생 성적 하락 우려, 교무행정 업무 과다, 학부모의 문제풀이 수업 요구 등일 것이다. 이 가운데 가장 크게 느끼는 부분은 진도와 성적(점수, 학력)이다.

2015 개정 교육과정에서는 성취기준을 활용하여 핵심적인 내용을 골라 가르칠 수 있다. 교사는 교육과정 재구성을 통해 교과서 진도에 얽매이지 않고도 학생들에게 꼭 배워야 할 것을 가르치고, 학생들은 스스로 학습할 수 있는 힘을 갖게 되었다. 이러한 수업에서 교사는 학

생들이 나아갈 방향을 코치하면서 학습량을 적정화하고 배움은 극대화시키기 때문에 진도는 더 이상의 논의거리가 되지 않는다. 배움중심 수업을 하면 지적 희열을 느끼면서 학습력이 커지기 때문에 오히려 성적이 향상된다.

교사는 학생들을 정답을 향해 몰아가기보다는 그들이 더 많이, 더 다양하게 생각을 교류할 수 있도록 해야 한다. 이를 위해 학생들의 움직임에 관심을 가져야 할 것이다. 생각의 표현에는 정답이 없기 때문이다. 따라서 학생들의 생각을 자유롭게 표현할 수 있도록 하고 그 과정에서 자신의 생각을 수정해갈 수 있도록 돕는 것이 교사의 역할이다.

이렇게 수업이 바뀌면 당연히 평가도 바뀌게 된다. 성적으로 학생을 서열화하는 평가가 아닌 성장과 변화의 기록으로서 평가가 바뀌게 되는 것이다. 교사중심수업을 하면서 서술형, 논술형 문제를 출제하기는 어렵다. 설령 출제한다 하더라도 수업과 평가가 유리된 평가일 가능성이 높다. 학생들의 생각 키우기 수업을 통해 평가가 바뀌고, 평가가 바뀌면 성적에서 교사도 학생도 자유로워질 수 있다.

현실과 타협하지 말자

그럼에도 혁신학교에 대한 오해는 많다. 그것은 혁신학교에 대한 이해와 경험의 부족에서 생긴 오해다. 따라서 혁신학교에 대한 철학과 비전의 공유 과정이 필요하다. 철학과 비전의 공유는 평상시 교장과 교사, 교사와 교사 사이의 관계를 통해서 자연스럽게 형성되며, 일정한 시간을 필요로 한다. 그렇지만 학기초에 학교장이 분명한 비전과 철학을 제시하여 성취동기를 유발할 필요가 있다.

개혁은 고통을 수반한다. 개개인의 이해관계가 얽혀 있는 개혁을 추진할 때에는 찬반 양쪽으로부터 비난과 공격을 받기도 한다. 현재의 제도와 관습을 유지하는 것이 누구에게도 욕을 먹지 않는 좋은 방법이기에 현실에 안주하려는 유혹도 있었다. 학교 구성원의 능력만으로는 해결하기 어려운, 그래서 국가나 사회가 나서야만 가능한 문제라는 것을 명분으로 내세워 현실과 타협하고 싶을 때도 있었다.

그럼에도 불구하고 공동의 이익과 공공성을 위해 개혁이 필요하며, 그럴 때 공교육의 신뢰가 회복되리라 믿었다. 학교의 여건과 환경을 고려하여 작은 실천을 통한 변화의 시작이 학교혁신의 시초라고 보고 학교 구성원과 함께하고자 했다. 그리고 이런 변화는 학생을 그리고 교사 자신을 성장시켰다.

2장

진정한 리더는
기다릴 줄 아는 리더

내겐
너무 놀라운
학생회

조완기 2012. 9 - 2017. 8 보평중 교감, 2017. 9 - 현재 보평중 교장

지식으로만 배운 민주주의

우리는 학교에서 지식으로서의 민주주의를 배웠으나 실천으로서의 민주주의를 배우지 못했다. 민주주의를 인지적 지식으로 배웠고, 실천적 지식으로 배우지 못했다. 그래서 의견이 다른 상대방에 대한 공감과 경청, 존중과 배려에 익숙하지 않다. 합의合意, 절충折衝(뾰족한 창끝을 꺾는다는 뜻), 절충折衷(속마음을 접는다는 뜻)은 더욱 어렵다.

대신 권리는 넘쳐나고, 책임은 회피하고, 상대방에 대한 비난만 난무한다. 오죽하면 페르시아의 황제 다리우스 1세는 왕정을 옹호하면서 다음과 같이 민주주의를 비난했을까.

"민주주의는 나라의 의사 결정을 느리게 하고 어리석은 이들이 득세하게 만들 것이다."

우리는 민주주의를 왜 이렇게 배웠는가? 여러 가지 연유가 있겠지만 교사에게도 일말—抹의 책임이 있다. 교사가 민주주의를 인지적 지식으로 배웠으며, 정도의 차이는 있겠지만 지금까지 교직문화가 그렇게 민주적이지 못했고, 그래서 교사 스스로 민주주의를 체험하지 못했기 때문이다.

교장이 먼저 실천하는 학교민주주의

민주주의의 꽃은 자치라고 한다. 그런데 학교에서 교사자치 문화 없이 학생자치 문화를 말할 수 없다. 물이 위에서 아래로 흐르는 것처럼, 우선 교사자치 문화가 자리 잡아야 학생자치 문화가 자리 잡게 된다.

교사 자치공동체 정착에 가장 필요한 것은 교사가 마음속에 있는 생각을 기꺼이 표현하도록 교장, 교감이 포용적 분위기를 만드는 것이다. 조선왕조실록 중종 3년(1508년) 11월 13일 기사에 따르면 특진관 特進官 손주孫澍가 다음과 같이 말했다.

"언로言路는 혈기血氣가 한 몸에 두루 흐르는 것과 같다. 혈기가 통하지 않으면 곧 사람이 스스로 생존할 수 없다. 언로가 막히면杜塞 곧 아래 사람의 뜻이 위에까지 전달되지 않아서 국가는 이로부터 위태롭고 어지럽게 된다特進官 孫澍曰 言路猶血氣周流於一身 血氣不通 則人不能自存 言路杜塞 則下情不得上達 國家自此危亂.″

민주주의의 기본은 언로 확보에 있다. 이런 측면에서 교사자치는 교사의 충언忠言을 끝까지 듣고, 공감·경청하는 교장·교감의 인내의 산물이다. 그리고 일정 부분의 결정권을 교사 집단에 위임하는 것이 필요하다. 그렇지 않으면 교사는 입을 닫거나 소위 '벌떡 교사'가 된다.

본교는 인사자문위원회에서 12월 초에 보직교사, 학급 담임교사 임명을 협의하고, 그 결과를 학교장이 추인한다. 학교의 주요 사안은 교장, 교감, 교사가 참석한 학기말 대토론회에서 협의하거나 교무회의에서 의견을 수렴하고, 그 결과를 학교장이 추인한다. 협의한 결과를 학교장이 존중하기 때문에 협의회(위원회)에 참석한 교사들 스스로 더욱 숙고한다.

이 과정에서 중요한 것은 목소리가 큰 일부 교사에 의하여 의견이 휘둘리지 않도록 교장, 교감이 중심을 잡는 것이다. 그래서 학기말 대토론회는 모둠별로 먼저 의견을 나누고, 다음에는 모둠별 의견을 발표하고, 다수결보다는 합의合意, 절충折衝, 절충折衷 하는 절차를 준수했다. 다수결은 어찌할 수 없는 상황에서 최후의 수단이 되어야 한다.

교사 입장에서는 자신의 의견이 학교 행정에 반영되기에 교사의 자발성을 이끌어내는 기제로 작용했다. 이런 문화가 정착되면서 교사들이 학교장의 뜻과 전혀 다른 결정을 하지 않았다.

본교의 초기 학생회는 주로 학교에 건의하는 것이 주류였다. 그렇지만 2014학년도부터는 축제, 체육대회 등 주요 행사의 기획부터 실행까지 학생회 중심으로 운영되도록 위임함으로써 해를 거듭할수록 성장했다.

다음 표는 2016학년도 학생회 주관으로 건의사항을 접수하고, 학생회에서 협의한 결과를 학교 게시판과 홈페이지에 답변한 내용의 일부이다. 자전거의 부품 일부를 도둑맞거나 훼손되는 일이 발생하여 접수된 건의에 대하여, 학교 차원의 조치를 요구하는 것이 아니라 학생회 바른생활부가 주축이 된 자전거 보관소 순찰 강화로 대응하고 있다.

학생회가 접수한 건의사항	학생회 답변
교내 학생 자전거 관리를 요구하는 건의가 페이스북에 많이 올라온다.	바른생활부에서 점심시간에 자전거 보관소 순찰을 강화하도록 하겠음.
3학년이 1, 2학년 복도를 마구 돌아다닌다. 5~6명이 욕도 하고 민망한 말을 많이 한다.	특정 3학년 학생에게 1층에 내려가지 말라는 충고를 주겠음. 이후에도 제재가 되지 않으면 복도 안전 캠페인과 함께 3학년 전체가 1학년 층에 내려가지 않도록 방안을 마련하겠음.

대다수 학교에 학생회 소속으로 '학습부'라는 부서가 있다. 사실 본교에 부임하기 이전에 재직한 학교의 경우를 회상하면 정도의 차이는 있지만 소속 학교의 학생회활동은 미미했고 학습부는 더욱 그랬다. 그렇지만 본교에서는 학습부 산하에 정책위원회라는 조직을 만들었고,

정책위원회 주관으로 1학년 이달의 복습왕, 2학년 지식 강연회, 3학년 호모 아카데미쿠스Homo Academicus라는 사업을 진행했다. 이런 정책위원회 사업을 통하여 정책위원뿐만 아니라 학생회 집행부에 소속되지 않은 다수 학생들에게 의미 있는 활동에 참여할 기회를 보장했다는 점에서 매우 긍정적으로 평가하고 싶다.

정책위원회 정책위원을 선발하는 다음과 같은 면접 문항을 보고 흠칫 놀랐기에 간단히 소개한다.

1. 학생들의 교내 학습 현황을 합리적인 근거를 들어서 평가하고, 단점을 최소화하기 위해 자신이 정책위원으로서 할 수 있는 일을 서술하시오.
2. (자기소개) 그동안 학교생활을 하면서 쌓아온 이미지, 경력 등을 활용하여 자신이 정책위원으로서 활동할 능력이 있음을 서술하시오.
3. 직위를 가진 이가 지켜야 할 도리 및 윤리적 규범에 대한 자신의 생각을 자유롭게 서술하시오.
4. 담임선생님의 추천 한 마디 : ( )학년 ( )반 (   )선생님 (인)

헌법 제1조에 "대한민국의 주권은 국민에게 있고, 모든 권력은 국민으로부터 나온다."라고 명시하고 있다. 이를 학교에 대입하면 교장

을 포함한 교감, 행정실장은 교사와 학생(연출자와 연기자)의 교수학습 활동을 돕는 조력자staff라는 위치를 명심하여야 한다. 학교에서 가장 중요한 핵심 요소는 교사와 학생이다.

교사와 학생이 존재할 때 비로소 교장, 교감, 행정실장이 존재한다. 반대로 교장, 교감, 행정실장이 존재한다고 반드시 교사와 학생이 존재하지는 않는다. 과거 서당이나 고대 유럽의 아카데미에는 교사와 학생만 있었다는 사실을 상기하면 더욱 이해가 쉽다. 그러므로 학교에서의 민주주의의 실천은 교사와 학생이 학교에서 주도적 역할을 수행하도록 보장하고 돕는 것이라 믿는다.

결재 시
반려 금지

곽원규 2009. 9 - 2013. 8 보평중 교장

교사의 자발성을 자극하기 위한 제안

첫째, 교장·교감의 행정지원이다. 선생님은 어떨 때 마음의 상처를 입을까? 수업보다는 행정업무 결재 과정에서 꾸지람을 듣고, 결재 문서를 반려 받을 때라는 생각이 들었다. 먼저 교감선생님에게 무슨 일이 있어도 결재 올라온 것을 반려하지 말라고 당부하며, 담당선생님이 마음에 상처를 받지 않도록 같이 논의하면서 수정하자고 했다. 담당선

생님이 기안을 하면 결재 과정에서 교감이 수정을 하고, 교장이 다시 수정 보완하여 완성시켰다. 그럼에도 싫어하는 눈치가 보이면 그냥 결재하기도 했다.

어느 정도 시간이 흐르면서 모든 선생님들이 결재 과정을 통한 완성을 싫어하지 않았고, 새로운 일에 대한 두려움이 없어지는 것처럼 느껴졌다. 결재 과정에서 상처받는 일이 적어지고, 교장과 교감이 함께한다는 인식이 확산되면서 선생님들의 협력적 태도를 피부로 느낄 수 있었다.

둘째, 민주적 소통구조를 만드는 것이다. 2009학년도에는 모든 선생님이 참여하는 전체교사회의를 주 1회 정기적으로 실시하였다. 2011학년도부터는 공적 소통구조로 부장회의, 전체교사회의, 각종 위원회를 민주적으로 운영하고자 하였다.

부장회의는 매주 월요일 0교시(08:20-09:00) 40분간 공유와 토론을 중심으로 운영하였다. 금주에 추진할 주간 계획을 10~15분간 부장별로 발표해 타 부서와 공유했다. 나머지 20~25분간 현안에 대하여 토론을 하고 바로 결론을 내렸다. 결론이 나지 않는 경우 사안에 따라 담당부장에게 몇 개의 안을 마련하게 하고, 다음 부장회의에서 논의하여 결정하였다. 그래도 결론을 내기 어려운 경우 전체교사회의 안건으로 회부하였다.

전체교사회의는 연간 8회 내외 실시하였는데, 공감과 토론을 중심으로 운영하였다. 선생님들이 정해진 시간에 모두 모이지 않기 때문에 기다리는 동안 가벼운 이야기를 하고(공감), 모든 선생님이 모였을 때 함께 논의하고 공유해야 할 주제를 중심으로 토론하였다.

학교 홈페이지도 소통과 공유의 수단으로 활용하였다. 모든 선생님의 반대를 물리치고 학생, 학부모, 타 학교 선생님과 쉽게 자료를 공유하고 생각을 소통하고자 아이디와 패스워드 없이 홈페이지에 접근하도록 하였다.

셋째, 선생님에게 과부하가 걸리지 않도록 속도를 조절하였다. 특히 개교 첫해에는 혁신학교이지만 혁신학교와 관련된 업무를 추진하지 않고 다음 학년도 교육과정을 어떻게 운영할 것인가를 고민하였다. 신설학교의 업무만으로도 모든 선생님들이 힘들어하였기 때문이다.

혁신학교 운영과 관련하여 도교육청의 지나친 관심이 교장으로서는 큰 부담이었지만, 급한 마음으로 학교혁신을 무리하게 추진하지 않고 연차적 중점과제를 설정하여 단계적 변화를 도모하였다. 2009학년도는 관계 형성기로서 연수를 통한 학교혁신 이해에 중점을 두었고, 2010학년도는 창의적 체험활동 프로그램 개발 및 운영, 2011학년도는 수업혁신, 창의적 체험활동 정착, 2012학년도는 수업혁신 내실화 및 정착에 중점을 두고 학교를 경영하였다.

개교 2년 차인 2010학년도에는 창의적 체험활동이 중학교 1학년에 처음 적용되는 해였다. '수업혁신에 중점을 둘 것인가? 창의적 체험활동에 중점을 둘 것인가? 두 영역 모두 동시에 추진할 것인가?'를 심각하게 고민할 수밖에 없었다. 두 영역을 동시에 추구하면 선생님에게 과부하가 걸리고, 선생님들이 두 손을 들면 모든 것이 수포로 돌아가기 때문이었다. 그래서 2010학년도는 전 학년 창의적 체험활동을 매뉴얼화하고 시스템화하는 데 중점을 두었다.

　예상했던 대로 일부 선생님들이 '우리 교장선생님은 수업에는 관심이 없고 실적 중심의 창의적 체험활동에만 관심을 둔다'라며 비난했다. 불가피한 통과의례였다. 그런 가운데도 교장으로서 수업혁신에 대한 긴장의 끈을 놓지 않았다. 전문적학습공동체를 체계적으로 운영하면서 선생님들이 자발적으로 수업혁신을 이끌어갈 수 있는 문화를 만드는 데 주력하였다. 그리고 2011년에는 수업혁신을 중점과제로 본격 추진하였다.

교사의
자발성과 자존감을
찾아서

홍기석 2013. 9 - 2017. 8 보평중 교장

수업 평가가 아닌 수업 나눔

보평중에서 교사의 자발성이 가장 잘 발현된 것은 전문적학습공동
체이다. 보평중의 학습공동체는 2011년부터 실시되었다. 이 시기가 혁
신학교 3년 차로 나름 혁신에 대하여 많은 고민을 하던 시기였다. 교
사들은 그 고민 끝에 혁신학교는 수업혁신이 핵심이고, 수업혁신을 이
루기 위해서는 교사의 배움이 있어야 한다고 합의했다.

매주 목요일에 학생들은 5교시 수업 후 귀가 조치하고 교사들의 배움의 시간을 가졌다. 배움의 형태는 매년 조금씩 바뀌었다. 완성된 형태가 있는 것이 아니라 매년 실시한 결과를 평가하고 이를 반영하여 운영하고 있기 때문이다.

보평중 학습공동체의 핵심은 수업 공개와 이 수업에 대한 연구회이다. 수업평가회라고 하지 않고 연구회라고 부르는 것은 수업에 대한 평가보다는 그 수업을 통해서 각자 무엇을 배웠는지를 나눈다는 뜻을 담고 있다.

1년에 4회 외부 공개수업

매년 조금씩 다르기는 하지만 전체 교사가 한 반의 수업을 함께 보는 전체 공개는 4번 정도, 학년별로 한 반씩 공개하고 그 학년을 담당하는 교사들이 함께 보는 학년 공개는 년 8번 정도이다. 학년별 공개는 3개 학년이므로 24회, 전체 공개 4회까지 합하면 28명의 교사가 수업 공개를 한다. 이것 말고도 전 교사가 참여하는 학부모 수업 공개가 학기별로 한 번씩 있다. 공개수업은 보평중 수업을 보고 싶은 외부교사들에게도 제공한다. 외부교사가 너무 많은 경우도 있어 한 번에 참관하는 외부교사 수를 25명 정도로 줄였다.

학년 공개는 동시에 1, 2, 3학년이 같은 날 같은 시간에 공개되는데, 한 학년만 외부에 공개하는 것으로 바뀌었다. 외부에 공개되는 학년의 학생들을 남겨서 수업을 하는데 꼭 그 시간에 공개할 필요가 있느냐는 의견이 들어왔다. 우리가 보아야 하는 것은 일상적 수업인데 남겨서 하는 수업은 조금 다르지 않느냐는 것이다. 그래서 공개주간을 정하고 그 시간에 학년의 교사들이 수업을 보고 그날은 수업 연구회만 진행하기로 결정되었다. 이렇게 전문적학습공동체 운영 방법은 계속 변해가고 있다.

2015년부터는 외부 공개는 전체 공개 4회, 학년 공개 8회로 총 12회로 정착되어 갔다. 공개수업은 언제나 희망에 의해 정했다. 하지만 암묵적인 규정을 두었다. 올해 새로 전입한 교사에게는 공개수업을 시키지 않는 것이 불문율이다. 배우는 시간이 필요하기 때문이다. 전입 1년 차는 배우는 과정으로 하고, 2년 차에 학년 자체 공개, 3년 차에는 학년 대외 공개, 4년 차부터 전체 대외 공개로 하였다.

2017년에는 전체 공개를 할 4명이 선정되지 않았다. 지명하지 않고 희망자가 나오길 기다렸다. 암묵적 규정이 있으니 대상에 해당하는 교사가 희망하기를 모두 바라고 있었다. 그러나 침묵하는 시간이 길어지고 결정되지 않자 '우리가 꼭 4회를 공개해야 하나?' 하는 제안이 들어왔고, 대부분의 교사가 3회로 하는 데 찬성하여 대외 공개를 줄이기로 했다.

공교롭게도 이 회의장에 학교장이 없었다. 나중에 학교장은 이 결정을 듣고 교사들의 회의 결과이니 받아들여야 할까 고민이 되었다. 그러나 '학교장으로서는 수용하기 힘들다'라는 결정을 내렸다. 그 결정을 담당부장에게만 전달하지 않고 전체 교사에게 왜 우리가 수업 공개를 해야 하는지, 우리의 수업 공개 과정이 어떤 변천 과정이 있었는지 설명했다. 그리고 우리가 전문적학습공동체를 만든 목적을 상기시키면서 학습공동체의 형태나 방법은 계속 변화할 수 있지만 우리의 본래 목적을 잊어서는 안 된다, 더더욱 다수결이라는 과정을 통해 편의주의에 편승해서는 안 된다고 설득하였다.

대부분의 교사들이 이 이야기에 동의하였고, 전체 공개를 4회 진행하기로 다시 합의하였다. 또 전체 공개를 하겠다는 희망자가 나타났다. 학교장의 설득으로 방향이 전환될 수 있었던 것은 다수결에는 나타나지 않았지만, 학교장의 생각에 동의하는 교사들이 많이 있었기 때문이기도 하다.

교사의 자발성은 어디에서 올까?

보평중은 학교장의 권한 위임이 많은 학교이다. 그중에 하나가 인사자문위원회이다. 인사자문위원회 활동은 11월 말부터 시작된다. 11월 말 학교 구성원 대토론회를 통하여 1년의 교육활동을 되돌아보고, 다음 학년도 교육활동의 기본 방향이 결정된다. 인사자문위원들은 12월 초 1년 동안 각 부서에서 했던 업무들을 펼쳐 놓고 업무량을 중심으로 부서별 업무를 조정한다. 이 시기에 하는 것이 공평한 이유는 다음 해에 누가 어떤 업무를 맡을지 모르는 상황에서 조정하는 것이기 때문이다.

12월 중순에 초빙교사를 뽑는다. 인사자문위원과 동 교과 교사들로 초빙교사 선발위원회가 구성된다. 함께 면접을 보고 가져온 자료들을 살펴본다. 인사자문위원들은 동 교과 교사들의 의견을 최대한 경청하고 반영한다. 왜냐하면 결국 초빙 온 교사와 협력하여 교육과정을 만들어갈 사람들은 동 교과 교사들이기 때문이다. 이런 방식은 2월 기간제 교사를 뽑을 때도 적용된다.

12월 말에는 다음 학년도 인사 조직을 한다. 부장교사뿐 아니라 담임도 정하여 발표한다. 이 시기에 부장과 담임을 뽑아야 하는 이유는 1월 방학 중에 부장교사들은 내년도 교육활동 계획을, 담임교사들은 교과 교육활동 계획을 세울 수 있기 때문이다.

이러한 일련의 작업이 이루어지는 동안 학교장은 인사자문위원회에 인사 권한을 위임한다. 인사자문위원들이 부장과 담임을 인선하는 과정은 쉬운 일이 아니다. 인사자문위원들이 교사라 서로 사정을 잘 알고 있다 보니 결정하기가 매우 어렵다. 자문위원들은 결정이 어려울 때 학교장에게 학교장의 권한으로 몇 가지를 정리해주길 바란다. 그럴 때마다 보평중의 전임 교장선생님들은 "인사자문위원 여러 명의 결정이 올바를까요? 아니면 나 한 사람의 결정이 올바를까요? 다시 고민해주길 바랍니다."라면서 되돌려 보냈다고 한다.

이 결정 과정에서 인사자문위원들은 스스로 학교장으로 빙의가 되어 학교를 운영하는 관점에서 인사 작업을 한다. 며칠간 늦은 시간까지 논의하면서 어느덧 인사자문위원들은 학교에 대한 책임감을 갖게 된다. 이런 과정에서 가장 큰 소득은 적합한 교내 인사보다도 자문위원들의 학교에 대한 주인의식과 학교운영에 대한 자발성이었다.

보평중을 찾은 외부교사들이 가장 궁금해하는 것은 '이 학교 교사들은 어떻게 한결같이 열심히 하지? 교사의 자발성은 어디에서 왔을까?'이다. 교사들의 자발성은 인사자문위원들처럼 권한 위임을 통해 교사들 스스로 자신이 학교운영의 주인이 되어 생각하고 활동하는 데에서 시작되었다. 많은 영역에서 학교장이 교사들을 신뢰하고 교사들의 결정 및 운영 결과를 그대로 받아들였기 때문이다.

학교장이 권위적이지 않지만 친절한 경우에 이와 반대의 현상이 나타날 수 있다. 인사자문위원들의 고민을 덜어주기 위해 교장이나 교감이 사전 작업을 한 후 자문위원에게 넘겨주는 것이다. 이런 경우 자문위원들은 큰 고민을 하지 않아도 되고, 회의도 빠르게 끝나니 효율적인 듯 보인다. 그 반대급부로 구성원들의 책임감이나 자발성이 줄어든다는 것도 명심해야 한다.

학교혁신의 어제와 오늘
그리고 미래

조완기 2012. 9 - 2017. 8 보평중 교감, 2017. 9 - 현재 보평중 교장

누구나 오랜 시간 틀에 박힌 일을 반복하다 보면 기존의 질서에 안주하고, 기존의 질서를 자연스럽게 수용하려는 경향이 나타난다. 새로운 변화를 시도하지 않으며, 심지어 거부하려는 성향까지 나타난다. 이를 다른 말로 표현하면 '타성에 빠졌다'고 한다. 학교 역시 타성에 빠져 학교 본연의 모습에서 벗어나 있다는 지적을 받는다. 인하대학교 교육학과 손민호 교수는 '교사 학습공동체를 통한 학교 교육과정 편성운영 역량 강화 세미나'에서 다음과 같이 비판한다.

"과연 현행 우리 학교의 문화와 실천은 학교태schooling 그 자체를 재생산하고 있는가, 아니면 수월성을 재생산하고 있는가? 예컨대, 국어 시간에 문학을 배운다기보다는 국어 교과서를 배운다는 느낌이 있다. 마

찬가지로 영어 시간에 영어를 배운다기보다는 영어 교과서를 배운다는 느낌이 있다. 교사는 가르침teaching보다는 선생질teachering을, 학생은 배움learning보다는 학생질studenting의 모습을 띨 때가 많아졌다. 어느 조직도 본연의 기능보다 그 조직 자체의 재생산 기능이 커졌을 때 그 조직은 존폐 위기를 맞게 된다."

이에 전적으로 동의할 수는 없겠지만, 우리 교육자들이 귀담아듣고 현재의 학교와 교육에 대하여 진지하게 성찰할 필요가 있다. 학교 본연의 모습을 다시 찾기 위하여 우리는 초심初心으로 돌아가야 한다.

다음은 2월 신학기를 준비하는 연수 때 본교 교사들에게 던졌던 질문이다. 이런 질문은 교사로서 힘들고 어렵다고 느낄 때마다 다시 떠올려 골똘히 생각할 만한 질문이고, 그 속에서 교사로서 앞으로 지향할 방향을 찾아가는 데 도움이 될 것으로 의심하지 않는다. 이 질문들은 교사로 재직하는 동안에는 화두話頭로 삼을 만하다.

① 우리는 왜 여기에 있는가?
② 우리에게 가장 소중한 사람은?
③ 우리에게 그다음 소중한 사람은?
④ 그 소중한 사람이 가치 있게 여기는 것은?
⑤ 우리의 그동안 성과(결과)는?
⑥ 우리는 어떤 자세로 무엇을 할 것인가?

교사로서 우리는 왜 여기에 있는지, 우리에게 소중한 사람은 누구인지 쉽게 잊고 살았다. 요즘 학생 인구가 급격하게 감소하고 있다. 학교가 문을 닫고 있다. 학생과 학부모가 소중하다는 것을 실감하게 된다. 그 소중한 학생과 학부모가 가치 있게 여기는 것을 모두 학교가 수용하는 데 한계가 있겠지만 최대한 반영되도록 노력하여야 한다. 그리고 그동안 우리의 성과를 성찰하고, 앞으로 어떤 자세로 무엇을 할 것인지 학교 구성원과 함께 고민하고, 함께 결정하고, 함께 실천하여야 한다.

학교가 미래사회에 필요한 인재를 키우기 위하여 가장 절실한 부분은 교사의 교수학습 역량을 신장시키는 것이다. 동료교사의 어깨에 기대어 협동적 연구활동을 추구하는 학습공동체 문화를 안착시키려는 노력이 필요하다. 본교의 오늘의 성과는 학습공동체 문화 덕분이다. 그렇지만 여기에 안주하여서는 아니 된다. 학습공동체의 내용과 수준을 한 단계 더 끌어올려야 한다.

강충렬 등의 공동 저서 《학교혁신의 이론과 실제》에 따르면 학습공동체는 적응적 학습adaptive learning과 생산적 학습generative learning의 의미를 동시에 포함하고 있다. 적응적 학습은 변화하는 환경에 반응하거나 대처하는 의미를 지닌 수동적이고 현재 지향적인 학습 개념이다. 생산적 학습은 조직의 현재 능력을 확장시킴으로써 미래의 기회를 발견하는 의미를 지닌 적극적이고 미래 지향적인 학습 개념이다.

이런 관점에서 본교의 학습공동체는 적응적 학습에서 크게 나아가지 못하고 있다. 이제 생산적 학습으로 도약이 필요하다. 본교는 3년째 독서토론을 진행하고 있지만, 교수학습 전문가답게 그 내용과 수준을 한 단계 더 끌어올려야 한다. 학습공동체 속에서 학교 구성원이 함께 전문 서적을 깊고 꼼꼼하게 읽고deep and close reading, 함께 토론하여 현실과 연계하는 독서 문화를 정착시켜야 한다. 또한 학습공동체 속에서 학교 구성원이 스스로 문제를 찾아 개선하고, 기존의 문화에 안주하지 않고 교육적 가치를 끊임없이 추구하며, 학교 구성원들이 서로 공감과 경청, 존중과 배려하는 온정적 인간관계 속에서 생산적 학교문화를 만들어가야 한다.

위와 같은 바탕에 하나를 더 보탠다면 본교가 추구하는 비전과 그동안 축적한 전설story을 학교 구성원 사이에 지속적으로 공유하는 것이다. 비전을 만들 당시에 참여한 교사에게는 그 비전이 의미 있겠지만, 새로 전입한 교사에게는 스쳐 지나가면서 본 포스터와 다를 바 없다. 특히, 공립학교와 같이 전출, 휴직 등으로 대략 재직 교사의 3분의 1 이상이 전입교사 또는 기간제 교사로 충원되는 현실에서 더욱 그렇다.

학교 구성원이 바뀔 때마다 비전을 만들 수도 없는 노릇이다. 또 그렇게 해마다 만든다면 그것은 비전이 아니다. 그래서 학교 구성원 사이에 비전과 전설을 서로 공유하고, 유사한 정서를 공감하는 시간이 지속적으로 필요하다. 학교 공동체에서는 그런 정서의 공유가 학교 구성원을 결속시키는 기제로 작용하기 때문이다. 마치 마을 공동체에서 상징물, 전설, 인물, 영웅담 등이 그 집단을 결속시키는 것과 같다.

이 책이 출판되기까지 오늘의 보평을 만들었던 선생님 여러분과 함께 집필하여 보평 10년의 역사를 다양한 시각에서 살펴보았다. 그렇지만 원고 내용이 수미일관首尾一貫하지 못했고, 여러 가지 조율할 부분이 많았다. 중도에 포기하고 싶은 때도 있었다. 그때 에듀니티 이하영 주간님 조언에 크게 용기를 냈다. 또한 처음부터 끝까지 이 책의 완성도를 높이기 위하여 구심점 역할을 자임한 김순희 수석선생님께 감사드린다. 끝으로 이 책의 출판은 전적으로 에듀니티 김병주 대표님의 부단한 격려와 배려 덕분이라고 사료되기에 더욱 감사드린다.

학교혁신 10년,
어떻게 가능했을까?

2018년 9월 어느 날, 홍기석 교육장님께서 반가운 분들이 모이는 자리가 있다며 저녁식사에 초대하셨다. 약속한 분당의 어느 중국집에 도착하니 스무 명 가까운 선생님들이 모여 계셨다. 성남 보평중학교의 전·현직 교장, 혁신부장, 교무부장 등이 정기모임을 하는 자리였다. 2009년 개교 당시 초대 교장이었던 곽원규 파주교육장, 2대 교장 홍기석 용인교육장, 두 분이 교장으로 일하실 때 교감으로 함께 근무하고 3대 교장을 맡은 조완기 교장, 2월에 명퇴한 김순희 수석, 지난 8년간 보평중학교에서 근무했거나 재직 중인 선생님들이 함께하는 모임이었다.

함께 근무한 적이 없는 분들도 있었지만 '우리 보평중'이라는 말이 자연스럽게 나오는, 말 그대로 '보평공동체' 모임이었다. 나이와 직위를 떠나 자유롭게 각자의 의견을 말하는 것은 물론 어려운 과제도 서로 먼저 해보겠다고 나서는가 하면 끊임없이 서로를 격려하는 활기찬 분위기가 인상적이었다. 얼마 전 모임에서는 각자 근무하는 학교의 정보를 공유하고 피드백하며 함께 코로나19 상황에서 대안을 찾아나가는 모습이 그야말로 혁신적이었다.

혁신학교라는 말이 나온 지 10년을 넘어서며 교육계에서 '학교혁신', '학교 역할의 변화'라는 이슈는 진보와 보수 진영 논리를 넘어 큰 흐름으로 자리 잡았다. 한결같은 모습으로 혁신을 이끄는 학교가 있는가 하면 '혁신학교'라는 이름을 반납하거나 구성원 간 갈등으로 무너지는 학교들도 종종 보게 된다. 교사들의 헌신으로 변화를 이끌던 학교에서 구성원이 바뀔 때 위기에 처하는 것은 필연적일 수도 있다. 그런 만큼 매년 1/3 가까운 구성원들이 바뀌는 학교 상황에서 공동의 비전을 지켜내며 지속적으로 혁신해나가는 일은 어려운 일이다. 그런데 보평중학교는 흔들림 없이 해내고 있다.

어떻게 가능했을까? 나 역시 그런 궁금증으로 이 책의 원고를 살펴보았다. "보평에는 교장이 43명, 함께 이끄는 집단 리더, 결재 시 반려 금지, 학교평가와 교원능력평가는 하지 않아, 교사는 배우는 전문가……" 생소하고, 불가능해 보이지만 반가운 말들이 많이 나왔다. 그러나 숨겨진 그늘도 있기 마련이다. 곽원규 교육장님은 보평중학교 교장으로 일하면서 교육청으로부터 여섯 차례나 징계를 받았다. 구성원들과 학교 운영 기준을 함께 만들고, 그 합의를 지켜내기 위해 개인적인 불이익을 감내했던 것이다. 리더가 구성원들에 대한 신뢰를 바탕으로 권한을 최대한 내려놓으면서 리더로서 책임을 지는, 그 쉽지 않은 과정을 통해 보평공동체는 차곡차곡 단단해졌으리라.

교육자치, 학교자치, 학교민주주의는 결국 사람이 중심이 되는 일이다. 구성원 한 사람 한 사람을 주체로 세우고, 그 주체가 모여 학교 공동체를 이루고 민주주의와 자치를 실현하는 것이 핵심이다. 이 책은 5명의 학생과 부모, 20여 명의 교사, 3명의 교장선생님이 보평공동체 안에서 주체가 되어가는 과정을 쓴 것이다. 성공의 결과를 정리한 것이 아니라 민주주의를 체험하며 민주주의를 통해 성장하는 과정을 담은 것이다. 이들은 보평인의 자긍심을 이야기한다. 이들은 학교를 떠나도 변함없이 보평공동체 구성원으로서 서로를 지탱해주며 함께 살아가고 있다.

30명 가까운 저자가 공동체의 10년을 기록하고 책으로 엮어내는 일은 참으로 힘든 일이다. 같은 상황이라도 각자 보는 관점이 다를 수 있고, 글 쓰는 양식이 다르므로 그 차이를 하나의 궤로 연결하는 과정은 몇 배의 힘든 작업이다. 처음 모임에 초대받아 갔을 때 매우 힘든 작업이 되겠다는 생각에 덜컥 겁이 나기도 했다. 그런데, 두 번째 세 번째 모임에 참여하면서부터는 즐겁고 유쾌하게 오가는 이야기 속에서 오히려 내가 에너지를 받는 자리가 되었다.

'학교민주주의가 뭐 별건가요?'라고 제목을 달았지만 결코 학교민주주의가 쉬운 일이라는 뜻은 아니다. 학교와 민주주의는 기실 오랜 세월 '별거' 상태였다. 그러나 그런 학교에 신뢰를 바탕으로 한 공동체가 형성되면 이야기는 달라진다. 자연스럽게 학교에 민주주의가 뿌리내리고 자치가 이루어지며, 학교민주주의가 별것 아닌 당연한 원칙이 된다.

김순희 수석님은 학교현장을 떠났음에도 필자들의 의견을 모으고 집필을 독려하는 대표 저자 역할을 무려 2년간 해오셨다. 조완기 교장선생님은 기획회의 때마다 밥을 사주셨고 중간에 포기할 만한 상황에서도 다시 힘을 낼 수 있게 격려해주셨다. 곽원규 교장선생님은 특유의 카리스마와 함께 어른으로서 집필 방향을 이끌어주셨고, 홍기석 교장선생님은 의견이 나뉠 때마다 연결고리를 찾아 하나로 엮어내는 윤활유 역할을 해주셨다. 끊임없는 출판사 요구를 즐겁게 받아들이고 서로 응원하며 쉽지 않은 과정을 감내하신 선생님, 졸업생, 부모님…… 에듀니티도 닮고 싶은 보평중학교공동체 저자 분들께 진심으로 감사드린다.

2020년 8월
에듀니티 대표 김병주

학교민주주의가 뭐 별건가요?

초판 1쇄 발행 | 2020년 9월 14일

지은이 | 보평중학교공동체

발행인 | 김병주
출판부문 대표 | 임종훈
주간 | 이하영
편집 | 권은경
표지 디자인 | 박대성
본문 디자인 | 이수정
마케팅 | 박란희
펴낸 곳 | (주)에듀니티(www.eduniety.net)
도서문의 | 070-4342-6114
일원화 구입처 | 031-407-6368 (주)태양서적
등록 | 2009년 1월 6일 제300-2011-51호
주소 | 서울특별시 종로구 인사동5길 29 태화빌딩 9층

ISBN 979-11-6425-071-4 (13370)
책값 16,000원

30시간 2학점 원격연수

1시간 수업에 담긴
수업 철학과 실천의 이야기

배움의 공동체,
수업디자인

학교 혁신의 바람을 이끌어온 배움의 공동체의 수업 디자인 사례를 만난다!
배움의 공동체가 추구해온 한 명의 아이도 배움에서 소외되지 않는 질 높은 배움이 무엇인지 뚜렷하게 보여주어
교사의 교육적 상상력을 높이고 교육과정 재구성, 수업, 평가로 이어지는 수업 디자인을 실천할 수 있게 해줍니다.

교사의 배움

1. 왜 수업인가 – 수업혁신의 배경과 방향
2. 수업디자인과 교육과정 리터러시
3. 수업디자인을 위한 성취기준 이해와 활용
4. 수업디자인 실습(1) – 교육내용 편성 원리와 흐름
5. 수업디자인 실습(2) – 교육과정 재구성의 실제

교사의 실천

6. 주제가 있는 수업디자인
7. 활동, 협동, 표현하는 배움이 있는 수업디자인
8. 아이들과 교재를 어떻게 만나게 할까
9. 듣기에서 시작되는 수업디자인 – 활동지의 변화과정
10. 고 3 교실에 꽃 핀 배움 중심 수업

교사의 성장과 수업 변화

11. 평가와 기록, 성장과 변화를 담다
12. 배움 중심 수업으로 전환, 1년의 기록
13. 배움 중심 평가로 전환, 1년의 기록
14. 활동적 배움의 의미 – 수업디자인의 변화
15. 삶과 연계한 교육과정 재구성

16. 돌봄이 있는 과정형 평가
17. 수업 구체화와 교사의 마음가짐
18. 1시간 수업디자인 흐름 잡기
19. 서로 묻고 답하는 열린 평가
20. 수업의 변화, 교과의 재발견
21. 배운 지식을 활용하는 실습 수업디자인
22. 한 분야의 깊이있는 탐구 – 프로젝트 수업디자인
23. 교육과정 재구성의 3단계와 교과융합
24. 도입–기본과제–점프과제의 흐름 이해
25. 성장을 격려하는 평가
26. 학교교육과정과 배움의 공동체 문화
27. 교육과정 재구성시 생각해볼 문제
28. 점프의 배움을 고민하는 수업디자인과 평가
29. 나를 찾아가는 포트폴리오 수업디자인
30. 영혼을 흔드는 배움 중심 수업–평가

배움의 공동체, 수업디자인
연수 바로가기

강의 한국배움의공동체연구회
손우정 한국배움의공동체연구회 대표 / 황금주 한국배움의공동체연구회 사무국장 / 육기엽 한국배움의공동체연구회 연구국장
손임영 한국배움의공동체연구회 운영위원 / 김행규 한국배움의공동체연구회 전남고흥대표 / 손민아 한국배움의공동체연구회 경기연천대표
윤준서 한국배움의공동체연구회전남대표 / 곽지영 한국배움의공동체연구회 운영위원 / 한수현 한국배움의공동체연구회 교육연수부장
전인원 한국배움의공동체연구회 운영위원 / 김말희 한국배움의공동체연구회 운영위원

15시간 1학점 원격연수

학교 민주주의에 대하여
무엇을, 어떻게, 왜?
라는 질문을 던져봅시다!

학교 자치, 학교 민주주의
실현을 위한 첫걸음

학교 자치를 넘어 교육 분권, 교육자치로 나아가는 시대적 사명은 민주주의가 내포하고 있는 가치 위에서
실현 가능한 일이며, 이 지점에 대한 분명한 이해는 교육 주체, 실현 주체로서 반드시 갖추어야 할 기본 소양이기도 합니다.
이에 본 연수는 학교 자치, 학교 민주주의를 개념과 실천을 한 개인(교사)이
경험하는 다양한 학교생활에서 솔직한 사례로 풀어내고 있습니다.

1. 왜 학교 민주주의인가: 학교 성찰로 출발
2. 학교 민주주의, 민주시민 교육의 2가지 토대
3. 교육과정의 생산자로 참여하라! [전주 완산초]
4. 학생의 '임파워먼트'를 세워라! [경기 보평중]
5. 학교의 가치를 담은 통합적 교육과정 [서울 삼각산고]
6. [토크] 교육과정-수업-평가에서 학교 자치, 학교 민주주의 이야기
7. 민주적 의사결정과 학교문화 [보평중/용인교육지원청]
8. 생활교육에서 학교 민주주의 실천 [강원 치악고]
9. 민주적 학교문화를 위한 문제해결 과정 [광주 산정중]
10. 학생들이 만들어가는 행복한 학생자치 [경기 양정초]
11. [토크] 민주적 학교문화, 학교 공동체 이야기
12. 3주체 학력관을 통한 민주적 학교운영시스템 [세종 수왕초]
13. 학교 민주주의를 마을로 잇다 [충남 송남초]
14. 단 한 명의 아이도 포기하지 않는 교육 [전주 금암초]
15. [토크] 학교를 넘어 민주 사회로 나아가기

학교 자치, 학교 민주주의
실현을 위한 첫걸음
연수 바로가기

강의
박일관 군산교육지원청 교육장 / 홍기석 교육부 학교혁신정책관
주중일 군산회현초등학교 교장 / 소미라 전주 완산초등학교 교사
박은경 경기보평중학교 교사 / 문지연 서울삼각산고등학교 교사
강구 광주산정중학교 교사 / 이원기 세종수왕초등학교 교사
복준수 충남송남초등학교 교사 / 윤주봉 강원치악고등학교 교사
이연근 경기둔대초등학교 교사 / 홍인재 전주금암초등학교 교감